《新概念英语》（新版）辅导丛书

新概念英语

An NCE Grammar Handbook

语法手册

主编：何其莘

编著：董　黎

外语教学与研究出版社
FOREIGN LANGUAGE TEACHING AND RESEARCH PRESS
北京　BEIJING

京权图字 01－2000－1353

图书在版编目(CIP)数据

新概念英语 语法手册 / 何其莘主编;董黎编著 .— 北京: 外语教学与研究出版社, 2004.6 (2007.10 重印)
(《新概念英语》(新版)辅导丛书)
ISBN 978－7－5600－4230－5

Ⅰ. 新… Ⅱ. ①何… ②董… Ⅲ. 英语—语法—手册 Ⅳ. H314－62

中国版本图书馆 CIP 数据核字 (2004) 第 068552 号

出 版 人: 于春迟
责任编辑: 徐 婳
出版发行: 外语教学与研究出版社
社 址: 北京市西三环北路 19 号 (100089)
网 址: http://www.fltrp.com
印 刷: 北京国防印刷厂
开 本: 850×1168 1/32
印 张: 8
版 次: 2004 年 9 月第 1 版 2007 年 10 月第 5 次印刷
书 号: ISBN 978－7－5600－4230－5
定 价: 9.90 元
* * *

外研社
朗　文　新概念英语　语法手册

NEW CONCEPT ENGLISH (*NEW EDITION*)
AN NCE GRAMMAR HANDBOOK

This simplified Chinese characters edition first published in
2004 jointly by Foreign Language Teaching and Research Press
and Pearson Education Asia Ltd.

合作出版人：李朋义（外研社） 吴天祝（朗文）
主编：何其莘
责任编辑：徐 婳
封面设计：牛茜茜 张 媛

外语教学与研究出版社
培生教育出版亚洲有限公司 联合出版

前　　言

亲爱的读者朋友，你们好！

由外语教学与研究出版社出版的《新概念英语》（新版）是该书自1967年首次出版以来第一次推出的最新版本。《新概念英语》设计独特，内容丰富，信息量大，因此受到了越来越多的英语读者，特别是青年读者的喜爱。《新概念英语》已经被我国及其他许多非英语国家的各类大学英语专业选为听力教材或泛读教材。

为了方便大家更好地学习该套教材，我们编写了《新概念英语语法手册》。本书对《新概念英语》（新版）第一册至第四册做了较详细的语法解释。同时，《新概念英语语法手册》还可以作为青年朋友学习和掌握基础英语语法和词法的工具书。

恳请广大读者提出宝贵意见，帮助我们将《新概念英语》做得更好。

编者

于北京外国语大学

《新概念英语》(新版)辅导丛书包括:

《新概念英语自学导读 1》
(*NCE Study Guide 1: First Things First*)
《新概念英语自学导读 2》
(*NCE Study Guide 2: Practice & Progress*)
《新概念英语自学导读 3》
(*NCE Study Guide 3: Developing Skills*)
《新概念英语自学导读 4》
(*NCE Study Guide 4: Fluency in English*)

《新概念英语练习详解 1》
(*NCE Exercise Companion 1: First Things First*)
《新概念英语练习详解 2》
(*NCE Exercise Companion 2: Practice & Progress*)
《新概念英语练习详解 3》
(*NCE Exercise Companion 3: Developing Skills*)
《新概念英语练习详解 4》
(*NCE Exercise Companion 4: Fluency in English*)

《新概念英语语法手册》(*An NCE Grammar Handbook*)
《新概念英语词汇大全》(*An NCE Complete Vocabulary List*)
《新概念英语词汇自学手册》(*An NCE Pocket Dictionary*)
《新概念英语录音练习手册》(*Recorded Drills for NCE*)

《新概念英语词汇随身听速记手册 1》
(*NCE Listening Vocabulary Companion 1*)
《新概念英语词汇随身听速记手册 2》
(*NCE Listening Vocabulary Companion 2*)

《新概念英语词汇随身听速记手册 3》
(*NCE Listening Vocabulary Companion 3*)
《新概念英语词汇随身听速记手册 4》
(*NCE Listening Vocabulary Companion 4*)

《新概念英语口语练习 1》
(*NCE Conversation Practice 1*)
《新概念英语口语练习 2》
(*NCE Conversation Practice 2*)
《新概念英语口语练习 3》
(*NCE Conversation Practice 3*)
《新概念英语口语练习 4》
(*NCE Conversation Practice 4*)

《新概念英语语法练习 1》
(*NCE Grammar Practice 1*)
《新概念英语语法练习 2》
(*NCE Grammar Practice 2*)
《新概念英语语法练习 3》
(*NCE Grammar Practice 3*)
《新概念英语语法练习 4》
(*NCE Grammar Practice 4*)

《新概念英语词汇练习 1》
(*NCE Vocabulary Practice 1*)
《新概念英语词汇练习 2》
(*NCE Vocabulary Practice 2*)
《新概念英语词汇练习 3》
(*NCE Vocabulary Practice 3*)
《新概念英语词汇练习 4》
(*NCE Vocabulary Practice 4*)

本书符号说明：

1.（III-6-p77-L6-9）表示 NCE 第 3 册第 6 课第 77 页课文第 6—9 行
2.（II-3-p21-KS）表示 NCE 第 2 册第 3 课第 21 页关键句型部分
3.（II-6-p34-SD）表示 NCE 第 2 册第 6 课第 34 页难点部分

目　　录

第一章　名词

第二章　冠词

第三章　代词

第四章　数量词

第五章　形容词、副词

第六章 介词

第七章 动词

第八章 时态

第九章 被动语态

第十章 直接引语和间接引语

第十一章 倒装句

第十二章 虚拟语气

第十三章 it 的用法

第十四章　句子

第一章　名　词

1.1 名词的意义和用途

名词是指人或事物的名称，如：人的名字（Henry 亨利、Jack 杰克、Bingyu 炳玉）、职业称呼（doctor 医生、pilot 飞行员）、物品名称(radio 收音机、watch 手表)、地名(London 伦敦、Paris 巴黎)，也包括一些具有抽象概念的名词，如：courage（勇气）、behaviour（举止）等。

名词经常与其他词连用形成名词短语，如：the man（那个人）、the woman next door（隔壁的女人）、that tall building（那座高楼）等。

1.2 名词的基本用法

1.2.1 充当动词的主语

Our ***agent*** in Cairo sent a telex this morning.

今天早晨我们在开罗的代理人发来一份电传。

1.2.2 作动词的直接宾语

Frank sent an urgent ***telex*** from Cairo this morning.

弗兰克今天早晨从开罗发来一份加急电传。

1.2.3 作动词的间接宾语

Frank sent his ***boss*** a telex.

弗兰克给他的老板发了一份电传。

1.2.4 作介词的宾语

I read about it in ***the China Daily***.

我在《中国日报》上看到了这个消息。

1.2.5 作 be、seem 等系动词的表语

Jones is our ***guest***.

琼斯是我们的客人。

1.2.6 作同位语

Laura, ***a BBC reporter***, asked for an interview.

劳拉，BBC 的记者，要求采访。

1.3 复合名词

英语中有许多名词是由两个或两个以上的部分组合而成的，这种名词被称为复合名词。如：

classroom（教室）、childhood（童年）、son-in-law（女婿）、stick-in-the-mud（老顽固）

1.3.1 复合名词通常有四种构成形式：

(1) 名词 + 名词。如：

a cupboard（碗柜）、a keyboard（键盘）、a raincoat（雨衣）、the seaside（海滨）、a typewriter（打字机）

(2) 形容词 + 名词。如：

a greenhouse（温室）、a heavyweight（重量级运动员）、longhand（普通写法）、a redhead（红头发的人）

(3) 动名词 + 名词。如：

drinking water（饮用水）、a frying pan（平底锅）、a walking stick（拐杖）

(4) 名词 + 动名词。如：

horse-riding（骑马）、sight-seeing（观光）、sunbathing（日光浴）

1.3.2 还有一些复合名词表示特定的含义。如：

Baker Street（贝克大街）、Oxford Road（牛津路）、Beijing Capital International Airport（北京首都国际机场）表示地点；

a meeting point（会合地点）、a sheep dog（牧羊犬）、a can-opener（开罐头的用具）表示目的；

a cotton blouse（棉质女衬衫）、a gold watch（金表）、a plastic raincoat（塑料雨衣）表示材料；

a biscuit tin（饼干筒）、a coffee-cup（咖啡杯）、a teapot（茶壶）、a sugar bowl（糖缸）表示容器；

a horror film（恐怖电影）、a headlamp（车前灯）、a seat belt（安全带）、a taxi-driver（出租车司机）、a pressure cooker（高压锅）表示分类等。

1.4 名词的分类

1.4.1 名词大致可以分为两类：专有名词和普通名词

专有名词是指特定的人、地方、事物或概念，这些人、地方、事物或概念实际上被认为是独一无二的。专有名词的开头字母要大写，前面一般不用冠词。

专有名词又分为以下几类：

(1) 人名：(称号或有或无)

Parker（帕克）、Andrew Smith（安德鲁·史密斯）、

Mr. Parker（帕克先生）、Ms. Jones（琼斯女士）

(2) 称呼：

Mum（妈妈）、Dad（爸爸）、Auntie（阿姨）、Uncle Fred（弗雷德叔叔）

(3) 地名：

Asia（亚洲）、India（印度）、Wisconsin（威斯康星）、Madison Avenue（麦迪逊大街）、Regent Street（摄政王大街）

(4) 月份、星期、节日、季节等：

April（四月）、Monday（星期一）、Easter（复活节）、Christmas（圣诞节）、St. Valentine's Day（情人节）

季节词的开头字母一般不大写。如：spring（春季）。

1.4.2 普通名词又可分为可数名词和不可数名词

在普通名词前通常要使用冠词 a、an、the 等。可数名词与不可数名词的用法是不同的。

(1) 可数名词：

可数名词前面用 a/an。如：a book（一本书）、an envelope（一个信封）等。

它有复数的变化，并可以用 How many 提问。如：

—How many ***stamps*** do you have?

你有多少张邮票？

—Three.

三张。

可数名词前面可以加数词。如：one stamp（一张邮票）、two stamps（两张邮票）等。

(2) 不可数名词：

在英文中，不可数名词一般为抽象名词或物质名词。如：water（水）、milk（牛奶）、air（空气）、glass（玻璃）、chicken（鸡肉）、meat（肉）等。

但有些不可数名词并非如此。如：information（消息）、advice（建议）、furniture（家具）、money（钱）等。

不可数名词前面不能用 a, an 和数词，也没有复数，可以用 How much 提问。如：

Sugar is expensive.

糖很贵。

How much ***meat*** /***milk*** do you want?

您想要多少肉/牛奶？

(3) 既是可数又是不可数名词的情况：

有些名词兼有可数和不可数两种情况。如：

fish (鱼)，在表示物质概念时是不可数名词，但在表示种类时又是可数名词。如：

He ate much ***fish*** yesterday.

昨天，他吃了大量的鱼肉。(表示“物质”，不可数)

There are a large variety of ***fishes*** in the pond.

这个池塘里有许多种鱼。(表示“种类”，可数)

chicken (鸡)，在表示“小鸡”或强调整体时是可数名词，但在表示“鸡肉”时是不可数名词。如：

He ate a whole ***chicken***.

他吃了整整一只鸡。(强调整体，可数)

The old man is after a white ***chicken***.

老汉在追赶一只小白鸡。(表示“小鸡”，可数)

Would you like some ***chicken***?

你想吃点儿鸡肉吗？(表示“物质”，不可数)

glass (玻璃)，在表示“玻璃”时，不可数；在表示“眼镜”时又可数。如：

Soapy broke the ***glass***, but he was still waiting there.

索比打碎了玻璃，可他仍旧等在那儿。(表示“玻璃”，不可数)

The middle-aged man with ***glasses*** is a professor of the French Department.

那个戴着眼镜的中年人是法语系教授。(表示"眼镜",可数)

wine (酒), 在表示"酒"时不可数, 但在表示"酒的种类"时又可数。这时它的前面通常有限定词。如:

Jack drank a lot of ***wine*** at the last party.

上次聚会, 约翰喝了很多酒。(当"酒"讲, 不可数)

This region produces an excellent ***wine***.

这个地方出产一种优质酒。(强调"种类", 可数)

另外, iron 表示"铁"时, 不可数; 表示"熨斗"时, 可数。paper 表示"报纸"时, 可数; 表示"纸"时不可数。

(4) 典型的不可数名词和与其对应的可数名词:

英语中有许多相对应的词, 一个可数, 一个不可数。如:

不可数名词	相应的可数名词
bread (面包)	a loaf (一条面包)
clothing (衣服)	a garment (一件衣服)
laughter (笑声)	a laugh (一阵笑声)
luggage (行李)	a case (一只箱子) a bag (一个袋子)
poetry (诗歌)	a poem (一首诗)
money (钱)	a coin (一枚硬币)
work (工作)	a job (一份工作)

(5) 集体名词:

集体名词通常表示群体概念, 用作主语时其谓语动词应为复数形式。如:

The ***board*** of directors are talking about the project.

董事会在讨论有关工程的事。

The ***audience*** present were all astonished by his lecture.

在场的听众都被他的演讲惊呆了。

其他的集体名词还有：family（家人）、class（班级）、committee（委员会）、the police（警察）、group（小组）、the army（军队）、the clergy（教会人员）、the military（军方）、vermin（害虫）、cattle（牛）等。

1.4.3 可以作复数看待的集体名词

有些集体名词既可以搭配单数动词也可以搭配复数动词，其规律为：当这些集体名词表示整体含义时，或者说当我们把它们作为一种"非人格"化的概念看待时，其谓语动词应使用单数形式，并可用 it 来代替；而当这些集体名词表示其成员，或者说将其"人格化"时，则一定是复数概念，这时其谓语动词要使用复数形式，可用 they 代替。如：audience（观众）、class（班级）、congregation（会众）、company（公司）、council（理事会）、crew（机组成员）、government（政府）、jury（陪审团）、family（家庭）、team（队）、union（联盟）、gang（一伙）等。

The present ***government***, which hasn't been in power long, is trying to control inflation. It isn't having much success.
现政府上台不久，正试图控制通货膨胀，然而收效甚微。

The ***government***, who are looking for a quick victory, are calling for a general election soon. They expect to be re-elected, and a lot of people are giving them their support.
政府寻求很快获胜，要求尽快进行大选。他们期望重新当选，有许多人都支持他们。

这些集体名词有正常变化的复数形式。如：

Governments in all countries are trying to control inflation.
各国政府都在试图控制通货膨胀。

1.4.4 只可作单数看待的集体名词。如：

the aristocracy（贵族）、the gentry（绅士）、the proletariat

（无产阶级）、the majority（大多数）、the minority（少数）、the youth of today（今天的年轻人）、the public（公众）等。

Give the ***public*** what it wants/they want.

应该满足公众的要求。

1.4.5 复形名词

有些名词虽然形式上是复数形式，即以-s结尾，但实际上却表示单数意义，其谓语动词要用单数。如：

The ***news*** is at six.

新闻节目在6点播出。

Billiards is becoming more and more popular.

台球越来越普及。

Athens has grown rapidly in the past decade.

雅典在过去10年中发展迅速。

此类名词还有 Brussels（布鲁塞尔）、Naples（那不勒斯）等。

1.5 名词的数

1.5.1 名词的单数和复数形式

拼写规则	单数	复数
一般情况下大多数名词后面加-s	cat tub	cats tubs
以-o，-s，-x，-ch，-sh 结尾的名词后加-es	potato class box watch brush	potatoes classes boxes watches brushes

拼写规则	单数	复数
辅音字母 + -y 结尾的普通名词，去-y 加-ies；但注意元音字母 + -y 结尾的名词后直接加-s	country city boy	countries cities boys
以-y 结尾的专有名词后面加-s	Fry Kennedy	Frys Kennedys
以-f，-fe 结尾的名词，把-f，-fe 变为-ves	wife	wives
不规则变化	man ox sheep	men oxen sheep

1.5.2 以-o 结尾的名词一般要在后面加-es。如：

tomato（西红柿）、echo（回声）、hero（英雄）、potato（土豆）等。

但有些以-o 结尾的名词既可以加-s 也可以加-es。如：buffalo（水牛）、cargo（货物）、commando（突击队）、tornado（龙卷风）、halo（光环）、volcano（火山）、mosquito（蚊子）等。

以“元音字母 + -o”结尾的名词则只能加-s。如：folios（对开本）、kangaroos（袋鼠）、oratorios（清唱剧）、radios（收音机）、studios（画室）、zoos（动物园）等。

此外，还有几类以-o 结尾的名词也只能加-s，分别是：

(1) 一些以-o 结尾的缩写词或截短词。如：

kilos（公斤，是 kilograms 的缩写）、photos（照片，是 photographs 的截短式）等。

(2) 一些以-o 结尾的意大利音乐外来术语。如：

concertos（协奏曲）、pianos（钢琴）、solos（独奏曲）、sopranos（女高音）等。

（3）一些以-o结尾的专有名词。如：

Eskimos（爱斯基摩人）、Filipinos（菲律宾人）等。

1.5.3 不规则拼写法，属于内部元音变化的名词主要有：

foot/feet（脚）、goose/geese（鹅）、man/men（男人）、woman/women（女人）、mouse/mice（老鼠）、policewoman/policewomen（女警察）、policeman/policemen（男警察）、tooth/teeth（牙齿）等。

1.5.4 单/复数形式相同的名词：

有些名词的单、复数的形式相同。其中包括：

（1）某些动物、鸟类和鱼类的名称。如：

deer（鹿）、milu deer（麋鹿）、grouse（松鸡）、mackerel（鲭鱼）、plaice（鲽）、salmon（鲑）、sheep（羊）、trout（鳟鱼）等。

This ***sheep*** is from Australia.

这只羊产自澳大利亚。

Those ***sheep*** are from Australia.

那些羊产自澳大利亚。

（2）某些交通工具。如：

craft（船只）、aircraft（飞机）、hovercraft（气垫船）、spacecraft（航天飞机）等。

The ***craft*** was sunk.

船沉了。

All nine ***craft*** were sunk.

九条船都沉了。

（3）某些表示国籍的名词。如：

Chinese（中国人）、Swiss（瑞士人）、Vietnamese（越南

人）等。

The ***Vietnamese*** are noted for their cookery.

越南人的烹调术是有名的。

1.6 名词的性

在许多欧洲语言中，事物的名称都有性的区别。如：

阳性：actor（男演员）等。

阴性：actress（女演员）等。

中性：guest（客人）、chair（椅子）、book（书）、radio（收音机）、teacher（教师）、student（学生）等。

1.6.1 它们在语法上有阴性、阳性、中性之分，尽管这些性通常与性别无关。

在英语中，名词的性主要体现在其自然属性上，主要关系到人称代词，其区别体现在 he, she 和 it 上，也体现在形容词性物主代词 his, her, its 上。

1.6.2 有些名词可以不假思索地用阳性代词 he、阴性代词 she 或中性代词 it 来指代。如：

gentleman/lady（先生/女士）、grandfather/grandmother（祖父/祖母）、grandson/granddaughter（孙子/孙女）、bachelor/spinster（光棍汉/老处女）、boy/girl（男孩儿/女孩儿）、brother/sister（兄弟/姐妹）、father/mother（父亲/母亲）、husband/wife（丈夫/妻子）、king/queen（国王/王后）、monk/nun（和尚/尼姑）、man/woman（男人/女人）、sir/madam（先生/夫人）、son/daughter（儿子/女儿）、uncle/aunt（叔叔/姑姑）、nephew/niece（侄子/侄女）等。

1.6.3 表示动物性别相对的名词一般可用 it 指代。如：

bull/cow（公牛/母牛）、cock（rooster）/hen（公鸡/母鸡）、

dog/bitch（公狗/母狗）、gander/goose（公鹅/母鹅）、pig/sow（公猪/母猪）、ram/ewe（公羊/母羊）、stallion/mare（公马/母马）等。

1.6.4 常见的表示阴性的词缀-ess。如：

actor/actr*ess*（男演员/女演员）、god/godd*ess*（神/女神）、prince/princ*ess*（王子/公主）、heir/heir*ess*（继承人/女继承人）、steward/steward*ess*（乘务员/女乘务员）、waiter/waitr*ess*（服务员/女服务员）、poet/poet*ess*（诗人/女诗人）、lion/lion*ess*（雄狮/母狮）、leopard/leopard*ess*（雄豹/雌豹）、tiger/tigr*ess*（雄虎/雌虎）等。

1.6.5 有些名词则可以用另外一些词缀，或者以词缀-woman，-lady，fe-，she-等来构成阴性的变化。如：

masseur/masseu*se*（男按摩师/女按摩师）、usher/usher*ette*（招待/女招待）、policeman/police*woman*（警察/女警察）、salesman/sales*woman*（售货员/女售货员）、landlord/land*lady*（房东/女房东）、male/*fe*male（男子/女子）、goat/*she*-goat（公羊/母羊）、wolf/*she*-wolf（公狼/母狼）等。

1.6.6 还有一些名词，我们在听到它时，无法知道它所指的人是男性还是女性。如：

My ***accountant*** says he is moving office.
我的会计师说他要搬办公室了。
My ***doctor*** says she is pleased with my progress.
我的大夫说她对我病情的好转感到高兴。

属于这类情况的名词很多。如：

adult（成年人）、artist（艺术家）、foreigner（外国人）、scientist（科学家）、passenger（乘客）、owner（物主）、darling（心爱的人）、cousin（表兄弟/姐妹）、enemy（敌人）、comrade（同志）、musician（音乐家）、journalist（新闻

记者)、parent(父母)、pupil(小学生)、traveller(旅行者)、stranger(陌生人)、spouse(配偶)、writer(作家)、neighbour(邻居)、lawyer(律师)、translator(翻译)、teacher(教师)、relation(亲属)等。

有时为了强调这些名词可属于任何一种性别，可用两个代词指代。如：

If a ***student*** wants more information, ***he*** or ***she*** should apply in writing.

如果有学生想要得到更多的资料，他或她应该提出书面申请。

1.7 名词的格

1.7.1 名词所有格的构成

说明	例子
单数名词末尾加 's	child—child's
以-s结尾的单数名词末尾加 's 或加 '	actress—actress's / actress'
不规则的复数名词末尾加 's	children—children's
以-s结尾的复数名词末尾加 '	girls—girls'
一些以-s结尾的人名末尾加 's	James—James's

1.7.2 所有格一般表示人或事物的所属概念，通常可以回答 Whose ...? 的问句。

一般表示目的、特征、行动、亲属或经常性占用等概念。如：

father's chair 父亲的椅子(经常性占用，即"父亲经常坐的椅子")

Angela's son 安吉拉的儿子(亲属关系)

Jack's journey 杰克的旅行（行动，即"杰克所作的旅行"）
a girl's school 女校（目的，即"为女子办的学校"）
John's stammer 约翰的口吃（特征）
Building oil rigs is men's work.
建造石油钻塔是男人干的活儿。（其他）

1.7.3 通常来说 's/s' 和 of 的作用是一样的，但 's/s' 一般不和无生命的名词连用，而有生命的名词则两者通用。如：

the key of the door / the leg of the table 一般不用 the door's key / the table's leg 来替代；a man's voice 也可以说 the voice of a man；Allan Poe's poetry 也可以说 the poetry of Allan Poe。

但是，当我们说明某物是由有生命的东西产生的时候，则一般可以用 's 来表示，这时重音放在第一个名词上，如：a bird's nest（一个鸟窝）、cow's milk（牛奶）、lamb's wool（羊毛）等。而从被屠宰的动物身上得来的东西，则通常不用 's，此时重音一般放在后面的名词上，如：beef broth（牛肉汤）、cowhide（牛皮）、ham sandwich（火腿三明治）、sheepskin（羊皮）等。

1.7.4 双重所有格。如：

a play of Shakespeare's 莎士比亚的一部戏剧（说明这是莎士比亚的众多戏剧之一）、a friend of my father's 我父亲的一位朋友（表示我父亲的许多朋友之一）等。

第二章 冠 词

2.1 概说

有若干个词可以用在名词或形容词+名词的前面，我们把这类词统称为限定词（determiners），因为它们影响或限定着这个名词的意义。冠词就是其中的一种。

2.2 限定词

限定词分为两种：

2.2.1 有助于分类或确认的词：

（1）不定冠词

I bought ***a*** new shirt yesterday.

昨天我买了一件新衬衫。(但不必说是哪一件)

Sophie is ***a*** new student.（I-5-p9）

索菲娅是个新生。

I had ***a*** very good seat.（II-1-p12-L1）

我的座位很好。

A young man and ***a*** young woman were sitting behind me.（II-1-p12-L2-3）

一个青年男子和一个青年女子坐在我身后。

I am ***a*** keyboard operator.（I-7-p13）

我是电脑录入员。

A girl came in and put ***an*** envelope on his desk.（II-24-p104-L6）

一个姑娘走了进来，把一个信封放在了他桌上。

A recent case concerns Jane Butlin whose fiancé, John, runs ***a*** successful furniture business. (III-7-p38-L9)
最近的一个案例与简·巴特林有关，她的未婚夫约翰拥有一家生意兴隆的家具店。

(2) 定冠词

A man is walking towards me. ***The*** man is carrying a parcel. (II-6-p33-KS)
一个男人朝我走来。他拿着一个包。

The shirt I am wearing is new.
我穿的这件衬衫是新的。(特指某一件)

The shop assistant knocked 10% off ***the*** bill. (II-6-p34-SD)
售货员给了10%的优惠。

In ***the*** fight, ***the*** thief knocked ***the*** policeman out. (II-6-p34-SD)
在搏斗中，小偷把警察打昏了。

(3) 指示代词

I bought ***this/that*** shirt yesterday.
昨天我买了这/那件衬衫。(强调我指给你看的那件)

That's a nice dress. It's very smart. (I-13-p25)
这件连衣裙真好，真漂亮。

(4) 物主代词

Do you like ***my*** new shirt?
你喜欢我的新衬衫吗？(属于我的那件)

My shirt's blue. (I-11-p21)
我的衬衫是蓝色的。

2.2.2 表示数量的词：

(1) 数词

I bought ***two*** shirts yesterday.

昨天我买了两件衬衫。（说明了数量）

There are ***three*** bottles on the cupboard.

碗橱上有三个瓶子。

I got up early and bought ***thirty-seven*** cards.（II-3-p20-L6-7）

我早早起了床，买来了 37 张明信片。

（2）量词

I didn't buy ***many*** new shirts yesterday.

昨天我没买多少新衬衫。（说明了可数名词的量）

There isn't ***much*** material in the shop.

商店里没有多少材料。（说明了不可数名词的量）

There are ***some*** tickets on the shelf.（I-28-p55）

书架上有一些票。

There's ***some*** cheese on the plate.

盘子里有一些奶酪。

2.3 冠词的基本用法

冠词分为不定冠词（a/an）、定冠词（the）及零冠词。

2.3.1 单数可数名词前面一般使用不定冠词 a，当这个名词的开头发音为元音时用 an，特指时用定冠词 the。如：

He has just bought ***an*** Australian car and has gone to Alice Springs, ***a*** small town in ***the*** centre of Australia.（II-4-p24-L4-5）

他刚买了一辆澳大利亚小汽车，现在去了澳大利亚中部的小镇艾丽斯斯普林斯。

The man who lives next door is ***a*** painter.

住在隔壁的是一位画家。

Sally is looking at ***a*** big ship.（I-33-p65）

萨莉正在观看一艘大船。

I want ***a*** bottle of glue.

我想要一瓶胶水。

My girlfriend is ***an*** actress.

我的女朋友是个演员。

2.3.2 一般陈述句当中，不定冠词有表示分类的作用。

当我们说 A rose is a flower.（玫瑰是一种花。）时，我们的意思是说 a rose（玫瑰）是我们称做 flowers（花）的这类东西中的一个种类，而 a daffodil（黄水仙）又是一类，等等。对于人、动物、东西都可以用这种方式表示分类。如：

A clever politician never promises too much.

聪明的政治家从不过多地承诺。

A cat is ***a*** domestic animal.

猫是一种家养动物。

An electric cooker is very useful.

电灶是很有用的。

2.3.3 在这种情况下，也可以用复数表示，具有泛指、类别之意。如：

Cats are domestic animals.

猫是家养动物。

Parrots are colourful birds who can learn to speak.

鹦鹉是一种羽毛艳丽、还能够学说话的鸟。

2.3.4 不定冠词可用于名称，表述分类。如：

职业	She is ***a*** doctor. 她是一名医生。
宗教	She is ***a*** Catholic. 她是一名天主教徒。
政治	He is ***a*** Republican. 他是一名共和党人。

2.3.5 不定冠词"a/an+人名"也可以表示"某人"。这时，它基本上可以表示 some 或 a certain 的意思。如：

A Miss Susan phoned and left a message for you.

一位叫苏珊的小姐给您打来电话并留了言。

A Miss Jones is waiting to see you at the gate.

一位叫琼斯的小姐在门口等着见您。

2.3.6 "a certain/some+名词"通常可以描述身份不十分清楚或说话人不予明确指出的人，也经常用于民间故事或寓言当中。如：

Many years ago, ***a certain*** merchant arrived in Baghdad.

许多年以前，有个商人来到巴格达。

2.3.7 第一次提到某物时一般用不定冠词 a/an。如：

I looked up and saw ***a*** plane.

我抬头看见一架飞机。(指第一次提到，还不知道所指的是哪一架)

He has made neat paths and has built ***a*** wooden bridge over ***a*** pool. (II-8-p40-L5-6)

他修筑了一条条整洁的小路，并在一个池塘上架了一座小木桥。

2.3.8 再次提到时则要用定冠词 the。如：

I saw a large plane overhead. ***The*** plane flew low over the trees.

我在上空看到了一架巨型飞机。那架飞机从树林上方低飞而过。(已经确切地知道是哪一架飞机了)

A man has just bought some meat. A dog is following ***the*** man. ***The*** dog is looking at ***the*** parcel. (II-6-p33-KS)

一个男人刚刚买了些肉。一条狗跟着他，它正盯着他的那个包。

There is a refrigerator in the kitchen. ***The*** refrigerator is white. (I-25-p49-L2-3)
厨房里有个电冰箱，冰箱的颜色是白的。
There is a bottle on the table. ***The*** bottle is empty. (I-25-p49-L9-10)
桌子上有个瓶子，瓶子是空的。

2.3.9 不定冠词 a/an 用于表示度量的词语之前，相当于 per/every/each，表示“每一个”之意。如：

US $ 80 ***a***/per kilo	每公斤 80 美元
120 km ***an***/per hour	每小时 120 公里
30 miles ***a***/per gallon	每加仑 30 英里
twice ***a***/per day	每天两次

2.4 定冠词 the 的用法

2.4.1 不论指人还是指物、单数还是复数，定冠词 the 的形式都不变。如：

The stereo is near ***the*** door. (I-27-p53)
音响靠近门。
The English language possesses a vivid saying to describe this sort of situation. (III-24-p118-L3-4)
英语中有一个生动的说法来形容这种情况。
He is ***the*** man I was telling you about.
他就是我和你谈起的那个男人。
They are ***the*** men I was telling you about.
他们就是我和你谈起过的那些男人。
That's/They're ***the*** book/***the*** books I gave her last time.
那/那些就是我上次给她的那本/那些书。

2.4.2 一般情况下定冠词表示再次提到的或者有定语修饰的人或事物，强调其特指性，也称回指。如：

We moved to a new flat last month, and ***the*** flat is so beautiful.

上个月我们搬进了一套新公寓，这套公寓非常漂亮。（前面的“公寓”为初次提到，而后面的“公寓”为再次提到）

There are some pictures in the room. ***The*** pictures are on the wall.（I-27-p53-L12-13）

房间里有一些画，画挂在墙上。

There are some cigarettes on the dressing table. ***The*** cigarettes are near a box.

梳妆台上有一些香烟，这些香烟在一个盒子旁边。

Singleton is a quiet village near Chichester. ***The*** village has a population of a few hundred people.

辛格尔顿是奇切斯特附近一个僻静的村子，这个村子里有几百口人。（第二句中的 village 为第一句中的回指概念，重复提到）

2.4.3 定冠词可以表示人或事物的类别。如：

The cobra is dangerous.

眼镜蛇是危险的。（指的是蛇的一种，它不同于其他类别，比如草蛇）

I don't like autumn and winter. ***The*** days are short and ***the*** nights are long.（I-53-p105）

我不喜欢秋季和冬季，因为此时白天短而夜晚长。

If you park your car in ***the*** wrong place, a traffic policeman will soon find it.（II-16-p72-L1-2）

一旦你把汽车停错了地方，交警很快就会发现。

2.4.4 “the + 集体名词”一般可以表示特指的群体。如：

the public（公众）、the police（警察）、the majority（多数人）等。

This new increase in fares won't please ***the*** public.

这次新的车票涨价将使公众不满。

2.4.5 借助从句或短语来限定某个名词，达到了间接提到的效果，这种情况也使用定冠词。如：

The Susan you're looking for no longer lives here.

你找的那个苏珊不住在这儿了。

The letters on the shelf are mine.

书架上的那些信是我的。

The Ford at the corner of the street is mine.

街道拐角的那辆福特车是我的。

The architects who designed this apartment block won a prize.

设计这幢大厦的建筑师们获奖了。

The sugar you bought yesterday had got damp.

你昨天买的糖受潮了。

2.4.6 the 用于泛指一天中的各段时间和季节。如：

in the morning（在早晨）、in the afternoon（在下午）、in the evening（在晚上）等。

We spent ***the*** day at home. In ***the*** evening, we went out.

我们白天待在家里，晚上外出。

In ***the*** evening, the children usually do their homework.（I-57-p113）

晚上，孩子们通常是做作业。

I'll see you in ***the*** morning. I can't see you in ***the*** afternoon or in ***the*** evening.（II-9-p45-KS）

我将在早上见你，下午或晚上不行。

The next morning, the money box disappeared.

第二天早晨，放钱的盒子不见了。

2.4.7 定冠词用于地名以外的其他独一无二的事物。如：

类型	例子
机构和组织	***the*** Boy Scouts（男童子军） ***the*** United Nations（联合国）
历史事件等	***the*** French Revolution（法国革命） ***the*** Victorian Age（维多利亚女王时代）
船名	***the*** Titanic（“泰坦尼克”号） ***the*** Canberra（“堪培拉”号） ***the*** Discovery（“发现”号）
文献和官衔	***the*** Queen（女王） ***the*** Great Charter（英国大宪章）
政党	***the*** Labour Party（工党） ***the*** Conservative Party（保守党）
政府机构	***the*** State Council（国务院）
报刊名称	***the*** New Yorker（《纽约客》） ***the*** Times（《泰晤士报》） ***the*** Spectator（《观察家》）
书名、电影名等	***the*** Odyssey（《奥德赛》） ***the*** Graduate（《毕业生》）
宗教人物	***the*** saints（圣徒） ***the*** Furies（复仇女神） ***the*** angels（天使）

类型	例子
气候等	***the*** climate (气候) ***the*** temperature (气温) ***the*** weather (天气)
生物种属	***the*** dinosaurs (恐龙)、***the*** race (人种) ***the*** reptiles (爬行动物)

2.4.8 定冠词常与形容词最高级、乐器词连用。如：

It's ***the*** worst play I've ever seen.

这是我看过的最糟糕的戏剧了。

Joe Sanders has ***the*** most beautiful garden in our town. (II-8-p40-L1)

乔·桑德斯拥有我们镇上最漂亮的花园。

Caroline's handwriting is very bad. It is ***the*** worst handwriting I have ever seen. (II-8-p41-KS)

卡罗琳的书写非常糟糕，这是我见过的最差的书写。

Jack plays ***the*** piano/***the*** flute/***the*** violin.

杰克会演奏钢琴/长笛/小提琴。

2.4.9 但是，在副词的最高级前可以不用定冠词。如：

Jones runs fastest among the girls.

琼斯在女孩儿当中跑得最快。

He likes painting best of all.

他最喜欢绘画。

2.5 零冠词的用法

2.5.1 "零冠词＋专有名词"表示独一无二的事物。如：

Elizabeth was her mother's name.

伊丽莎白曾是她母亲的名字。

Mr. and Mrs. Jackson are here to see you.

杰克逊先生和夫人来这儿看你了。

She's Japanese. I'm Chinese. He's Korean.

她是日本人，我是中国人，他是韩国人。

They were expecting a valuable parcel of diamonds from South Africa.（II-7-p36-L2-3）

他们正期待从南非来的一个装着钻石的贵重包裹。

He will soon visit Darwin. From there, he will fly to Perth.（II-4-p24-L5-6）

他不久将到达尔文去，从那里，他再飞往珀斯。

2.5.2 “零冠词 + 可数名词复数”表示类别。如：

适用情况	例子
人	***Women*** are fighting for their rights. 妇女们正在为自身的权利而斗争。
地点	***Museums*** are closed on Mondays. 博物馆在星期一闭馆。
食物	***Beans*** contain a lot of fibre. 豆类含有大量纤维质。
职业	***Doctors*** always support each other. 医生们总是互相支援。
国籍	***Italians*** make delicious icecream. 意大利人会做美味可口的冰淇淋。
昆虫及其他动物	***Cats*** do not like cold weather. 猫不喜欢冷天。 ***Ants*** are found in all parts of the world. 蚂蚁在世界各地都有。

适用情况	例子
植物	***Trees*** don't grow in the Antarctic. 树木在南极不能生长。
产品	***Watches*** have become very accurate. 手表已走得非常准确了。

2.5.3 "零冠词 + 不可数名词"表示类别。如:

适用情况	例子
食品/饮料	Refined ***food*** like ***sugar*** should be avoided. 应避免食用糖一类的精制食品。
集合物	Does ***money*** make the world go round? 金钱是万能的吗?
颜色	***Red*** is my favourite colour. 红色是我最喜欢的颜色。
抽象名词	***Life*** is short; art is long. 生命短暂,艺术长存。
哲学/政治	***Capitalism*** is a by-product of free enterprises. 资本主义是自由企业的副产品。
语言	***English*** is a world language. 英语是一种世界性语言。

2.5.4 一日三餐通常用零冠词。如:

breakfast (早餐)、lunch (午餐)、dinner (正餐) 等。

Jones is at ***lunch*** .

琼斯正在吃午餐。

Dinner is served.

正餐摆好了。

2.5.5 "介词 by/on + 交通工具"使用零冠词，表示"交通"、"运输方式"。如：

by air/plane（乘飞机）、by boat（乘船）、by car（乘小汽车）、by coach（乘长途公共汽车/马车）、by tube/metro（乘地铁）、on foot（步行）等。

I travelled all over Europe by bus with Susan.

我和苏珊乘公共汽车游遍了欧洲。

2.5.6 零冠词用于词组当中。如：

arm in arm（臂挽着臂）、hand in hand（手拉手）、face to face（面对面）、from top to bottom（从上至下）、keep in mind（记住）、make friends（交朋友）等。

2.5.7 零冠词用于"成对"的事物。如：

day and night（昼夜）、pen and ink（笔墨）、heart and soul（全心全意地）、cart and horse（马车）、husband and wife（夫妻）、light and dark（光明与黑暗）、sun and moon（日月）等。

Father and son went to New York by a morning train.

父子两人坐早上的火车去了纽约。

2.5.8 有意省略的冠词

在日常生活中，常省略掉定冠词、不定冠词以节省篇幅。如：

HOTEL AND DISASTER 旅馆火灾（报刊标题）

pop star Britney 流行音乐歌星布兰妮（同位名词）

war hero Douglas Bader 战争英雄道格拉斯·巴德

Cleaners: collect skirt 洗衣店：取裙子（日程单）

Supermarket: meat, eggs, sugar, melon 超级市场：肉、蛋、糖、瓜（购物单）

2.5.9 在两个或多个名词前面只使用一个冠词（定冠词或不定冠词）时，表示一个人或事物的双重或多重身份，在这种情况下其谓语动词要用单数形式。如：

There's ***a*** knife and fork on the table.

桌子上有一副刀叉。

第三章 代 词

代词是用来代替名词或名词短语的。代词可分为人称代词(I, me, he)、物主代词(my, their, yours)、反身代词(myself, herself, themselves)、指示代词(this, that, those)、不定代词(some, many, each, any, all)、疑问代词(what, which)、关系代词[which, who(m), as, that]等。疑问代词和疑问副词将在第十四章中讨论。

人称代词、物主代词、反身代词见下表:

类别 / 数	人称代词		物主代词		反身代词
	主格	宾格	形容词性	名词性	
单数	I you he she it one	me you him her it one	my your his her its one's	mine yours his hers — —	myself yourself himself herself itself oneself
复数	we you they	us you them	our your their	ours yours theirs	ourselves yourselves themselves

3.1 人称代词

3.1.1 主格人称代词在句子中一般用在谓语动词前面,充当句子的主语。其第一人称单数为 I,复数为 we;第二人称单数

为 you，复数为 you；第三人称单数阳性为 he，阴性为 she，中性为 it，复数为 they。如：

John didn't find us in so ***he*** left a message.

约翰发现我们不在家，于是他留了一个便条。(he 为阳性“他”，指代 John)

I think, therefore ***I*** am.

我思故我在。

I like gardens too, but ***I*** do not like hard work. (II-8-p40-L6-7)

我也喜欢花园，但我却不愿意辛勤劳动。

Are ***you*** Swedish? (I-15-p29)

你们是瑞典人吗？

She withdrew £1,000 from her bank and followed the kidnapper's instructions. (III-19-p86-L13-14)

她从银行取出 1,000 英镑，并照绑架者的要求做了。

Ask Jones if ***she***'ll be at home in time for dinner.

问问琼斯她能否及时回家吃晚饭。(she 为阴性“她”，指代 Jones)

Loyalty must be earned. ***It*** can not be bought.

忠诚必须靠自己赢得，它是买不来的。

I love swimming. ***It*** keeps me fit.

我喜欢游泳，它能使我保持健康。

I like the dog very much. Jones bought ***it*** from Italy.

我很喜欢那条狗，它是琼斯从意大利买来的。(以上三例中 it 代表的是中性概念)

3.1.2 it 也可以用来表示人，它一般表示要确认什么人，或在表示弄不清楚小孩儿的性别的时候。如：

There's a knock at the door. Who is ***it***?

有人敲门。是谁呀?(不明对方身份)

Mrs. Richards realized that ***it*** must be the man from the Electricity Board who had come to read the metre. (III-13-p62-L13-14)

理查兹夫人这才想到一定是供电局来人查电表了。

It's a lovely baby. Is ***it*** a boy or a girl?

宝宝真可爱。是男孩儿还是女孩儿?(不明小孩儿性别)

3.1.3 宾格人称代词可代替处于宾语位置上的名词,充当动词或介词的宾语。有些动词接两个宾语:直接宾语和间接宾语。直接宾语指动作的承受者,间接宾语指动作所向的人或物,间接宾语必须与直接宾语连用。如:

—Have you met Marilyn?

你见到玛里琳了吗?

—I've never met ***her***.

我从未见到她。

I met ***her*** in the street the day before yesterday and she greeted ***me*** warmly. (I-74-p151)

我前天在大街上碰到了她,她热情地向我打招呼。

I gave ***him*** a glass of water.

我给了他一杯水。(him 为间接宾语,a glass of water 为直接宾语)

If you see Jim, give ***him*** my regards.

如果你见到吉姆,请代我问候他。

I really feel sorry for ***them***.

我真为他们感到遗憾。(介词宾语)

当使用 you 时,经常把它与 both 或 all 连用,以免给人造成含糊不清的感觉,因为 you 既可指单数,也可指复数 both 或 all。如:

Good luck to ***you*** / ***you*** both/ ***you*** all.
祝你/你们二位/你们诸位交好运。

使用 they 的时候也是这样。如：

Sanders and Frith both have a beautiful garden, ***they*** both enjoy working hard.
桑德斯和弗里斯都有一个漂亮的花园，而且他们两个都喜欢劳动。(由于使用了 both 和 all，就给出了明确的概念)

3.1.4 使用人称代词时无论主格还是宾格，都应考虑到其所处的具体环境，在系动词 be 后也可以使用宾格，但不强调。如：

—Who is ***it***?
是谁呀？
—It's ***me*** / ***him*** / ***us***.
是我/他/我们。

3.1.5 当人称代词处于同位结构中时，应与其同位的部分保持一致，也就是说当其同位的部分为主语时，其同位代词也为主语（用主格），而当其同位的部分为宾语时，所用代词也为宾语（用宾格）。如：

Both Jack and ***I*** can swim very well.
我和杰克都擅长游泳。("我"和"杰克"为并列主语，故用主格)
I got different news from Susan and ***him***.
我从他和苏珊那里得到了不同的消息。("他"和"苏珊"同作介词 from 的宾语，故用宾格)
Emma is a nice girl. I saw Susan and ***her*** cooking in the kitchen just now.
埃玛是个好姑娘。刚才我看见她和苏珊在厨房里做饭。
Sally is from the USA. I saw ***her*** and Amy in my bedroom.
萨丽是从美国来的。我刚才看到埃米跟她在我的卧室里。

3.1.6 有时候，尤其在口语中，宾格人称代词 me 也可用作主语。如：

—Who wants a ride on my bike?

谁想骑我的自行车？

—***Me***!/Not ***me***!

我/不是我！（本句中的 me 代替上文中的 Who 作主语，但使用了宾格）

3.1.7 注意祈使句中可用宾格人称代词作主语，起强调作用。如：

She's been promoted. Lucky ***her***!

她晋升了，她真幸运！（本句中的 Lucky her! = Isn't she lucky!）

He's got to repay the money. Poor ***him***!

他必须赔偿这笔钱。他真倒霉！（Poor him! = Isn't he unlucky!）

3.1.8 关于动物、东西和国家，人们经常将其人格化，这样它们也就具有了"阴/阳性"。如：

The cuckoo lays ***her*** eggs in other birds' nests.

杜鹃鸟把蛋下在别的鸟的窝里。（该句强调了杜鹃鸟的生物功能，因为它生蛋而具有了"母"性，因此使用了 her）

All of us love our motherland, and we are working hard to make ***her*** more beautiful and stronger.

我们都爱我们的祖国，并且为使她变得更加美丽富强而努力工作。

Look at that frog! Look at the way ***he*** jumps!

看那只青蛙！看他跳的那副样子！（该句强调了人们对它跳的姿势感兴趣，因而使用了人格化的手法，用了 he）

Susan, look at that cat! ***He***'s drinking your milk!

苏珊，看那只猫！他在喝你的牛奶！

3.1.9 当我们谈到汽车、船、摩托及其他机械时，常常把它们看作阴性。如：

My car's not fast, but ***she*** does 50 miles to the gallon.

我的汽车不快，但她每加仑汽油可以跑50英里。

The great ship, *Titanic*, sailed for New York from Southampton on April 10th, 1912. ***She*** was carrying 1,316 passengers and a crew of 891. (III-10-p50-L1-3)

巨轮"泰坦尼克"号1912年4月10日从南安普敦起锚驶向纽约。船上载有1,316名乘客与891名船员。

From the seventeenth-century empire of Sweden, the story of a galleon that sank at the start of ***her*** maiden voyage in 1628 must be one of the strangest tales of the sea. (IV-27-p160-L1-2)

1628年，一艘大帆船在处女航开始时就沉没了，这个从17世纪瑞典帝国流传至今的故事无疑是航海史上最离奇的事件之一。

3.1.10 国家通常也"人格化"，经常看成阴性。如：

In 1941, America assumed ***her*** role as a world power.

1941年，美国扮演了世界强国的角色。

The Olympic Games will be held in our country in four years' time. As a great many people will be visiting ***her***, the government will be building new hotels, an immense stadium, and a new Olympic-standard swimming pool. (II-37-p170-L1-4)

四年以后，奥林匹克运动会将在我们国家举行。由于将有大批的人到我们国家来，所以政府准备建造一些新的饭店、一个大型体育场和一个新的奥运会标准游泳池。

3.1.11 it, them, the one（指物）作强制性宾语：在及物动词，像 enjoy, like 等之后必须跟随宾语，也就是需要有强制性宾语存在。it, them, the one 经常用于强制性宾语；如属于特指，则必须用 it, them 或名词作宾语。如：

—What do you think of this cake?

你觉得这蛋糕怎样？

—I like *it*. / I don't like *it*.

我很喜欢。/我不喜欢。（不能说 I like. 或 I don't like. 因为缺少宾语）

—What do you think of these cakes?

你觉得这些蛋糕怎样？

—I like *them*. / I don't like *them*.

我很喜欢。/我不喜欢。

A dog ran across the road and the driver tried to avoid *it*. (II-3-p21-KS)

一条狗穿过马路，那位司机企图躲开狗。

There are some boats on the river. Mr. Jones and his wife are looking at *them*. (I-33-p65-L6-7)

河上有几艘船。琼斯先生和他的妻子正在看这些船。

3.2 不定代词

3.2.1 不定代词指的是 some, any, no 和 every 以及与之组成的复合词，如：someone, anyone, none, everyone, somebody, anybody, nobody, everybody, something, anything, everything, nothing 等。**不定代词常常表示不确定的人、物或量。**

3.2.2 在表示“一些”时，some 一般用于肯定陈述句中，而 any 则一般用于疑问句或否定句中。如：

There are ***some*** frogs in the pond.

池塘里有一些青蛙。(肯定句，some 既能修饰可数名词也能修饰不可数名词)

There aren't ***any*** frogs in the pond.

池塘里没有青蛙。(否定句)

Are there ***any*** frogs in the pond?

池塘里有青蛙吗？(疑问句)

There are ***some*** cups in the cupboard.

碗橱里有几只茶杯。

I must go to the butcher's. We need ***some*** meat. (I-79-p161)

我得到肉店去一下。我们需要些肉。

There isn't ***any*** milk in the bottle, but there is ***some*** in this jug. (II-30-143-KS)

瓶子里没有一点儿奶，但是罐子里有一些。

Are there ***any*** nails in that tin? (II-30-p143-KS)

那个罐头盒子里有钉子吗？

Have we got ***any*** beer and wine? (I-79-p161)

我们还有啤酒和葡萄酒吗？

Is there ***any*** water in this kettle? (I-43-p85)

这水壶里有水吗？

Do you have ***any*** shoes like these? (I-75-p153)

像这样的鞋子你们有吗？

3.2.3 当表示建议或请求的时候，仍用 some 或 something 等。如：

Would you like ***something*** to drink?

你想喝点儿什么饮料吗？

Can/May I ask you ***some*** questions?

我可以问您些问题吗?

Can you hand me ***some*** toilet soap?

你可以递给我一些香皂吗?

3.2.4 any 或 anything 用于陈述句的肯定形式的时候，表示泛指概念，指“任何”。如：

You can choose ***anything*** you like here.

这里的东西您可以随便挑。

3.2.5 复合不定代词，如 something/anything 等的定语一般应后置。如：

This is ***something*** special.

这是一种特别的东西。(形容词作后置定语)

This isn't ***anything*** important.

这并不是什么重要的东西。

I'd like ***something*** cheaper.

我想买点儿比较便宜的东西。(比较级形容词作后置定语)

Haven't you got ***anything*** to do?

你没有什么事可做吗?

Is there ***anything*** for me to sit on?

有什么东西可以给我垫着坐吗?(不定式作定语。注意不定式作定语时，应与其被修饰词形成谓宾关系)

3.2.6 当需要“排除”概念时，经常将 else 与不定代词连用，构成 everyone else, someone else, anyone else, anything else, nothing else 等，表示“另外的”、“别的”之意。如：

We need one more helper. Can you find ***anyone else***?

我们还需要一个帮手。你能再给我们找一个吗?

Take this back and exchange it for ***something else***.

把这个拿回去，再换个别的。

Nothing (***else***) but a major disaster will get us to realize that we can't go on destroying the rainforests of the world.
只有重大的灾难才能使我们认识到，我们不能再继续毁坏世界上的雨林了。

3.2.7 指代"a/an + 可数名词"时，则必须用 one 作宾语（即所说的为非特指的东西）。如：

—Have a biscuit, please.
吃块饼干吧。
—I've had ***one***. Thank you.
我已经吃了一块了，谢谢！
—Would you like a drink?
您想要杯酒吗？
—I'd love ***one***. Thank you.
谢谢，我想要一杯。
—Give me some glasses, please.
请拿给我几只玻璃杯。
—These glasses?
是这几只吗？
—No, not those. The ***ones*** on the shelf. (I-23-p45)
不，不是那几只。是架子上的那几只。

3.2.8 当不可数名词或复数名词用于非特指时，则必须使用 some 或 any 作宾语。如：

—Have you got ***any*** sugar? Can you lend me ***some***?
你有糖吗？能借给我一些吗？
—Sorry, I haven't got ***any*** (to spare).
对不起，我没有（多余的）。
—Have you got ***any*** drawing pins? Can I borrow ***some***, please?
你有图钉吗？我能借一些吗？

—I'm afraid I haven't got ***any*** (to spare).

恐怕我没有（多余的）。

Is there ***any*** bread on the table? I want ***some***.

桌子上有面包吗？我想要一些。

3.3 物主代词

物主代词分为形容词性物主代词（或所有格形容词）和名词性物主代词（或所有格代词）。

形容词性	my, your, his, her, its (one's), our, your, their
名词性	mine, yours, his, hers, ours, yours, theirs

3.3.1 形容词性物主代词和名词性物主代词都表示所有，即某人或某物属于某个人，回答 Whose ...? 的问题。形容词性物主代词是限定词，因此必须放在名词之前，不可单独使用。它们的形式取决于所有者，而不是被拥有的东西。如：

his 表示某物为一男性所有：John's daughter = his daughter 约翰的女儿=他的女儿（女儿虽然为女性，但属于被拥有者；约翰为男性，是拥有者，故使用 his 而不是 her）

her 表示某物为一女性所有：Jane's son = her son 简的儿子=她的儿子

its 表示某物为一动物或无生命的事物所有：the cat's milk = its milk 猫（喝）的牛奶=它的牛奶；the jacket of this book = its jacket 这本书的护封=它的护封

3.3.2 my, your 和 their 可表示为男性所有，也可表示为女性所有。如：

"***My*** house is there," Sally/John said.

"我的房子在那儿。"萨莉/约翰说。

Here's ***your*** umbrella and ***your*** coat. (I-3-p5)
这是您的伞和大衣。

Your passports, please. (I-15-p29)
请出示你们的护照。

Are ***your*** friends tourists too? (I-15-p29)
你们的朋友也是来旅游的吗?

"Here is ***your*** tea, Sally/John," Mother said.
"这是你的茶,萨莉/约翰。"妈妈说。

The boys' coats are here and ***their*** caps are there.
男孩子们的外衣在这儿,他们的帽子在那儿。

The girls' coats are here and ***their*** berets are there.
女孩子们的外衣在这儿,她们的贝雷帽在那儿。

My brother never wears ready-made suits. (II-17-p78-SD)
我的弟弟从来不穿成衣。

3.3.3 their 也可以表示为动物或物品所有。如:

Dogs should have ***their*** own kennels outside the house.
狗应该在房子外面有自己的窝。

These engines have lost ***their*** power.
这些发动机已失去了动力。

Cars with ***their*** engines at the back are very noisy.
发动机装在后部的汽车特别吵人。

3.3.4 one's 可用作非人称形容词性物主代词,但不能用作名词性物主代词。如:

One's first duty is to ***one's*** family.
一个人对其家庭的义务是首要的。(在没有上文而直接使用 one 或 one's 时,一般表示人的概念。否则 one 代替人或物皆可)

3.3.5 所有格代词 mine, yours 不能用在名词之前，并且在说话时要加重语气。它们在指人或物时，单数或复数都一样。its 从来不作所有格代词用。如：

These are my children. These children are ***mine***.

这些是我的孩子。这些孩子是我的。

These are my toy cars. These toy cars are ***mine***.

这些是我的玩具车。这些玩具车是我的。

I can't find my pen. Can you lend me ***yours***?

我找不到我的钢笔了。你能把你的借给我吗？

We're packing our suitcases. Where are ***yours***?

我们正在收拾我们的手提箱。你们的在哪儿？

—Isn't that your car?

那难道不是您的车吗？

—Well, it was my car. But now it isn't ***mine***; it's ***hers***.

唔，曾经是。但现在不是我的，是她的了。

My car is made in the U.S.A. What about ***yours***?

我的车是美国产的。你的呢？

3.3.6 名词性所有格可以放在句首。如：

This is my cup. ***Yours*** is the one that's chipped.

这是我的杯子。你的是有缺口的那个。

3.3.7 在特别强调所有关系时，通常用 one's own。可以在任何形容词性物主代词而不是名词性物主代词后面加上 own，这样形成的词组既可以起形容词性物主代词的作用，也可以起名词性物主代词的作用。如：

I'd love to have ***my own*** room/a room of ***my own***.

我喜欢有一个自己的房间。

Our cat has ***its own*** corner/a corner of ***its own*** in this room.

我们的小猫在这个房间里有它自己的一角。

—What's the number of your car?

您的车牌号是多少？

—Oh, I haven't ***my own*** car.

噢，我没有自己的车。

3.3.8 如果需要再进一步强调则可以加上 very。如：

I'd love to have ***my very own*** room/a room of ***my very own***.

我喜欢有一个完全属于自己的房间。

—When did you move to your new house?

你是什么时候搬进新居的？

—I moved to my house last week. I'd love to have ***my very own*** house.

上星期。我喜欢有所完全属于自己的房子。

3.4 反身代词

3.4.1 反身代词属于所有格形容词，其构成为"形容词性物主代词 + self"组成的复合词，或"人称代词宾格 + self"。请看下表：

单数	myself, yourself, himself, herself, itself, oneself
复数	ourselves, yourselves, themselves

3.4.2 某些动词（这样的词很少），如：avail（有利）、absent（缺席）、pride（以……自豪）等，**后面必须跟反身代词作宾语。**如：

The soldier absented ***himself*** without leave for three weeks.

那个士兵未请假离队三个星期。

She prided ***herself*** on her ability to speak eight languages.

她为自己能讲八种语言而自豪。

3.4.3 另外一些动词，如：blame（责备）、dry（弄干）、cut（割破）、enjoy（享受）、introduce（介绍）、hurt（伤害）、amuse（娱乐）等，**后面也常跟反身代词作宾语。**如：

He cut ***himself*** shaving this morning.

他今天早晨刮胡子时刮破了脸。

We really enjoyed ***ourselves*** at the funfair.

我们在游乐场玩得真的很开心。

—What's the matter, Andy?

怎么了，安迪？

—I fell downstairs and hurt ***myself***.

我从楼梯上摔了下来，摔伤了。

3.4.4 当然 cut，enjoy 和 hurt 等动词也可以带普通的宾语。如：

She cut her ***lip***.

她刮破了嘴唇。

We enjoyed the ***funfair***.

我们在游乐场玩得很开心。

I think that I've hurt my ***back***.（I-99-p201）

我想我把背摔坏了。

3.4.5 当主语和宾语为同一人时，动词后面绝不能跟宾格代词（me，him，her 等）作宾语，而必须使用反身代词。如：

He's cut ***himself***.

他割伤了自己。（不能使用 him）

Susan is dressing ***herself***.

苏珊正在穿衣。

3.4.6 反身代词也可以与普通动词搭配，起回指主语的作用。如：

He got such a shock when he saw ***himself*** in the mirror.

当他在镜子里看到自己时，大为吃惊。

3.4.7 反身代词也可作间接宾语。如：

The boss gave ***himself*** a rise.（= He gave a rise to ***himself***.）

老板给自己加了工资。

3.4.8 反身代词常常可以用在动词、名词或形容词词组的介词之后，起强调作用。如：

Look after ***yourself***!

你要照顾你自己呀！

He was English ***himself***!（II-14-p64-L8-9）

他自己就是个英国人！

Lucy's looking very pleased with ***herself***.

露西看起来很得意。

She slipped and hurt ***herself*** while she was getting off the bus.（I-118-p239）

她下车的时候摔了下来，伤了自己。

He cut ***himself*** while he was shaving.（I-118-p239）

他刮脸的时候刮伤了自己。

3.4.9 在含有副词小品词的时候，反身代词一般放在动词与小品词之间。如：

They gave ***themselves*** up.

他们对自己不抱希望了。

We pulled ***ourselves*** out (of the water).

我们摆脱了困境。

3.4.10 "by + 反身代词"表示"无援地"、"独自地"。如：

Susie made this doll's dress all ***by herself***.

苏茜独自一人给洋娃娃缝了这件衣服。（无援地）

He lives ***by himself***.

他独居。（独自地）

3.4.11 反身代词用在 but 和 than 之后并不表示强调。如：

You can blame no one but ***yourself***.

你谁也别怪，就怪你自己。

Harry would like to marry a girl younger than ***himself***.

哈里想要娶个比他年轻的姑娘。

3.4.12 反身代词经常放在名词或代词之后，起强调的作用。如：

You, ***yourself***, heard the explosion quite clearly.

你是亲耳非常清楚地听到爆炸声的。

The engine ***itself*** is all right, but the lights are badly damaged.

发动机本身还好，但车灯差不多全撞坏了。

Topsail ***itself*** has sailed across the Atlantic many times. (II-12-p56-L3-4)

"涛波赛"号小艇已经亲自多次横渡大西洋。

3.4.13 反身代词也可放在句尾。如：

I heard the explosion ***myself***.

我亲耳听到了爆炸声。

As I soon learnt, he was English ***himself***! (II-14-p64-L8-9)

我很快了解到，他自己就是个英国人！

Topsail has sailed across the Atlantic many times ***itself***.

"涛波赛"号小艇已经亲自多次横渡大西洋。

3.5 指示代词

3.5.1 指示代词包括 this, that, these 和 those，其中 this, these 为"近指"指示代词，与 here 对应；that, those 为"远指"指示代词，与 there 对应。它们一般与名词连用。如：

this girl（这个女孩儿）、that boy（那个男孩儿）、these

teachers（这些老师）、those students（那些学生）、these trees（这些树）、those flowers（那些花）等。

3.5.2 根据其功能，指示代词又可分为纯指示代词和形容词性指示代词，前者可单独使用，而后者经常搭配一个名词或 one。如：

I don't like ***this***.

我不喜欢这个。(纯指示代词，直接作 like 的宾语。)

That is a nice dress. It's very smart.（I-13-p25）

这件连衣裙真好，真漂亮。

This bedroom's very untidy.（I-29-p57）

这卧室太不整洁了。(形容词性指示代词 + 名词)

I don't like ***this*** coat.

我不喜欢这件外套。

Hasn't anyone repaired ***this*** car yet?（I-144-p291）

难道还没有人把这辆车修好吗？

I don't like ***this*** one.

我不喜欢这一个。(形容词性指示代词 + one，这种情况通常要有上下文说明 one 的意思。)

3.5.3 通常来说，单独用指示代词时，不指人而指物；但在 Who ...？问句中，也可以指人。如：

I found this watch. I found ***this***.

我发现了这块表。我发现了这个。(指物)

What's ***this/that***? What are ***these/those***?

这/那是什么？这些/那些是什么？(指物)

Who's ***this***? Who's ***that***?

这是谁？那是谁？(在 Who ...？问句中，指人)

第四章　数量词

4.1 概说

数量词或数量词组常用来修饰名词，表示我们所说的事物的数与量。有些数量词修饰可数名词复数，如：many，(a)few，several 等；有些数量词修饰不可数名词，如：much，(a)little；而有些数量词则二者皆可修饰，如：a lot of，lots of，some 等。

4.1.1 数量词修饰可数名词时，用来回答 How many ...? 这样的问题。如：

—How many eggs are there in the fridge?

冰箱里有多少鸡蛋？

—There are ***a few***.

有几个。

I must go to the greengrocer's. We haven't got ***many*** tomatoes, but we've got a lot of potatoes.（I-79-p161）

我还得到蔬菜水果店去一下。我们的番茄不多了，但土豆还有不少。

4.1.2 数量词修饰不可数名词时，用来回答 How much ...? 这样的问题。如：

—How much milk is there in the fridge?

冰箱里有多少牛奶？

—There's ***a little***.

有一些。

I haven't got ***much*** money.
我的钱不多了。

4.1.3 有些数量词既可修饰可数名词，又可修饰不可数名词，因此它既能回答 How many ...? 这样的问题，也能回答 How much ...? 的问题。如：

—How many eggs are there in the fridge?
冰箱里有多少鸡蛋？
—There are ***plenty***.
有很多。
—How much milk is there in the fridge?
冰箱里有多少牛奶？
—There is ***plenty***.
有很多。

4.1.4 "数量词＋名词"的组合方式。请看下表：

搭配形式分类	同类数量词
数量词＋复数可数名词 如：many books	both, a couple of, dozens / hundreds of、(a) few, a / the majority of, a minority of, a number of, several
数量词＋不可数名词 如：much sugar	a (small) amount of, a bit of, a drop of, a great / good deal of, (a) little of, less, the least, (not) much
数量词＋复数可数名词 或数量词＋不可数名词 如：some books / some sugar	some (of the), any (of the), all (the), hardly any, enough, half, a lot of, lots of, more, most (of the), no, none of the, the other, plenty of, the rest of the

搭配形式分类	同类数量词
数量词+单数可数名词 如：each book	all (of) the, another, any (of the), each, either, every, half (of) the, no, none of the, one, the only, the other, some (of the), the whole (of the)

We have ***fewer*** students specializing in maths than in English.

我们数学专业的学生比英语专业的少。(数量词+复数可数名词)

I'd like ***a bit of*** bread with this cheese.

我想要一小块夹着这种奶酪的面包。(数量词+不可数名词)

—Is there ***any*** tea in the pot?

壶里有茶吗?

—There isn't ***any*** tea in the pot. (II-9-p46-SD)

壶里没有茶了。

There aren't ***any*** cars on the road at the moment.

这会儿路上没有汽车。(数量词+复数可数名词)

There isn't ***any*** traffic on the road at the moment.

这会儿路上没有车辆来往。(数量词+不可数名词)

It's ***each/every*** man for himself in this business.

在这个行业中每个人都为他自己。(数量词+单数可数名词)

4.2 表示不确定数量

4.2.1 数量可以是确定的，也就是说，我们可以确切地说出到底有多少。如：

We need ***six*** eggs and ***half a kilo of*** butter.

我们需要六个鸡蛋和半公斤黄油。(数量是确定的,"六个"和"半公斤"已经明确地告诉了我们)

4.2.2 更多的时候,数量是不确定的,它只说明了一个大致的情况。如:

Are there (***any***) apples in the bag?

袋子里有苹果吗?

Mrs. Jones bought a bag of flour, a bag of sugar and ***some*** tea. (II-6-p33-KS)

琼斯太太买了一袋面粉、一袋糖和一些茶叶。

There are (***some/a few***) apples in the bag.

袋子里有一些/几个苹果。(没有说出到底有多少)

Is there ***any*** milk in the fridge?

冰箱里有牛奶吗?

There is ***some*** milk in the fridge.

冰箱里有一些牛奶。(只是说出了一个笼统的量,而没有说明具体有多少)

4.2.3 数量词后常和 more 连用

(1) more 可以用在下列数量词之后,再加上复数可数名词。如:some / any, a couple, dozens / hundreds, a few, hardly any, a lot, lots, many, no 等。

I'd like ***some more*** chips.

我想再要些炸土豆片。

(2) more 可以用在下列数量词之后,再加上不可数名词。如:some / any, a bit, a good / great deal, hardly any, a little, a lot, lots, much, no, plenty 等。

I'd like ***some more*** milk.

我想再要一些牛奶。

4.2.4 数量词后也常和 less 连用

less 可以用在下列数量词之后，再加上不可数名词，如：any，a bit，a good / great deal，a little，a lot，lots，much 等。其用法如下：

(1) 直接用于名词前：

Much less soup，please.

请少给点儿汤。

(2) 用于限定词前：

I'd like ***much less*** of that soup.

我不要那么多那种汤。

(3) 用作代词：

I want ***much less***，please.

请不要给我那么多。

4.2.5 数量词前用 not

not 可以直接用于 all，another (one)，enough，every，a few，half，the least，a little，many，much，one，the only one 等数量词之前。其用法如下：

(1) 用于句首：

Not much is happening in our office at the moment.

这会儿我们办公室没有多少事。

Not enough is known about this subject.

有关这个题目了解的还不多。

(2) 用于 a few 和 a little 之前，强调这些词的相反意思：

Not a few of the members were absent. (not a few = a lot)

相当多的会员未出席。(=许多)

It has given me ***not a little*** trouble.

这给我带来许多麻烦。

(3) 用于简短的否定回答中：

—How much did they offer you?

他们给你多少？

—*Not enough*.

不多。

4.3 数词的分类

数词可分为基数词、序数词、分数、小数、百分数等。

4.3.1 基数词

基数词可作数量词用（如：two apples）或作代词用（如：I bought two.）。one 这个数词可与任何可数名词的单数连用，表示确定的数目。如：

We've got ***one*** micro and ***two*** electric typewriters in our office.

我们办公室有一台微机和两台电动打字机。

其他数词可与任何可数名词的复数连用。如：

two cabbages, ***three*** pounds of tomatoes and ***twelve*** oranges

两个洋白菜、三磅西红柿和 12 个橘子

4.3.2 序数词

序数词通常在基数词后加上后缀-th，如：six（基数词）；sixth（序数词）；ten，tenth；eighteen，eighteenth 等。但也有例外，如：one（基数词），first（序数词）；two，second；three，third；five，fifth 等。

4.3.3 分数

英语中分数的构成为：一个基数词加一个序数词。分子用基数词，分母用序数词。充当分子的基数词是“1”时，分母直接使用序数词；充当分子的基数词是“2”或“2”以上的时候，分母要用“序数词 + -s”。如：one third（$\frac{1}{3}$），nine sixteenths（$\frac{9}{16}$），two and two thirds（$2\frac{2}{3}$）等。

4.3.4 小数

分数可用小数来表示，请注意小数的读法：

0.5 读作 nought point five 或 point five

2.5 读作 two point five

2.05 读作 two point nought five 或 two point o five

4.3.5 百分数

请注意百分数的读法：

8%读作 eight percent 或 eight per cent

25%读作 twenty-five percent 或 twenty-five per cent

99%读作 ninety-nine percent 或 ninety-nine per cent

4.3.6 近似的数量

下列词语，如：about，almost，exactly，fewer than，at least，less than，more than，nearly，over，under 等，与数词连用时表示不确切的数量。如：

There were ***over*** seventy people at the party.

参加晚会的人数超过了 70 人。（多于）

You can't vote if you're ***under*** eighteen.

未满 18 岁不得投票。（少于）

4.4 not (any)，no 和 none，(not) (a) little 与 (not) a bit 等的区别

4.4.1 not (any)，no 和 none 的区别

构成否定句的方式可以用 not 来否定动词，也可以用

no 来否定后面的名词。如：

There ***aren't*** (any) buses after midnight.

午夜以后没有公共汽车。

There are ***no*** buses after midnight.

午夜以后没有公共汽车。

No millionaires buy things on instalments.

百万富翁是不会分期付款买东西的。

No department stores sell this kind of thing.

百货商店都不会出售这种东西。(用 no 直接否定作主语的名词 department stores，显得更为正式)

The noise had been so faint that ***no*** one thought that the ship had been damaged. (III-10-p50-L13-14)

由于这个声音非常轻，没人会想到船身已遭损坏。

No one discovers a rarity by chance. (III-34-p158-L8)

无论是谁都不会一下子就发现一件珍品。

none 可以直接作为一个代词来用，而 no 则不可。如：

Do you have any diaries? We've got ***none*** at the moment.

你有没有新的日记本？我们目前一本也没有了。(none 可以单独用，充当宾语，起代词的作用)

I could get ***no*** information about flights to the USA.

关于飞往美国的航班的情况，我一点儿也得不到。(no 必须和后面的名词 information 连用，不能单独使用)

4.4.2 a great deal / amount of 与 a large / great number of 的区别

a great deal / amount of 都有 much 之意，其后应接不可数名词；而 a great / large number of 都有 many 之意，其后应接可数名词复数。如：

A great deal/amount of money is spent on research.

在研究上花了很多钱。

A large/great number of our students are American.
我们的学生中有许多是美国人。

Up to now, Mr. Scott has sent ***a great many*** requests for spare parts and other urgent messages from one garage to the other.（II-5-p28-L6-8）
到目前为止，斯科特先生从一个汽车修理部向另一个发送了大量索取备件的信件和其他紧急函件。

4.4.3（not）（a）little 与（not）a bit 及（a）few 的区别

（1）few 和 a few；little 和 a little

首先，（a）few 用于修饰可数名词复数，而（a）little 则用来修饰不可数名词。不带不定冠词 a 时，这两个词都表示否定之意，强调少的概念，一般表示“几乎一点儿没有”的意思。如需再加强程度，可以与 very 连用。如：

He has had ***very few*** opportunities to practise his English.（= He hasn't had many opportunities to practise English.）
他很少有机会练习英语。（opportunities 为可数名词复数）

He has ***very little*** hope of winning the race.
他几乎没有希望赢得这次比赛。（hope 为不可数名词）

A lot of guests were expected, but ***few*** came.
本来预计要来很多客人，但是没有几个人来。（强调少，不如预料的那样多）

The police would like to ask him ***a few*** questions.
警察要问他一些问题。（平铺直叙，没有强调少的意思）

(a) few / (a) little 经常和 just, only, quite, the, my, a good 等连用，起强调的作用。如：

—How many do you want?

你想要多少？

—***Just a few***, please.

请给几个就行了。（强调“数目有限”，“不多”）

There are only ***a few*** seats left.

只剩几个座位了。（强调“很少”，“几乎没有”）

We have quite ***a few*** leading actresses.

我们有很多领衔女演员。（强调“很多”，有炫耀之意）

There's only ***a little*** soup left.

只剩下一点点汤了。（强调“少得可怜”，“几乎没有”）

—How much do you want?

你想要多少？

—Just ***a little***, please.

请给一点儿就行。（强调“需要得很少”，“一点儿就行”）

(2) (a) little 和 (a)bit

(a) little 和 (a) bit 在肯定句中几乎是通用的。如：

I'd like ***a little / bit*** of time to think about it, please.

请给我一点儿时间考虑一下。（通用）

但在否定句中，它们的含义正好相反。请比较：

He was ***not a little*** surprised.

他感到十分惊讶。

I don't like the book. ***Not a bit***.

我不喜欢这本书，一点儿也不喜欢。

4.5 enough 的基本用法

4.5.1 enough 的基本意思是“充足(的)”。它既可以修饰名词，也可以修饰形容词和副词，还可作名词。但要注意它在修饰名词时，应放在名词之前；而当修饰形容词时，则应放在形容词之后。如：

Have we got ***enough*** books to read while we are on holiday?
假期里我们有足够的书看吗？（修饰名词，放在 books 前面）

—Can you lend me some envelopes?
你能借给我一些信封吗？

—I'm sorry. I haven't ***enough***.
很抱歉，我也不多了。（作名词）

Is there ***enough*** hot water for me to take a bath?
有足够的热水让我洗澡吗？

Is the water hot ***enough*** for me to take a bath?
这水我用来洗澡够热吗？

（这两句话十分相似，前者修饰名词 water，因此放在了它的前面；而后者修饰形容词 hot，所以放在了它的后面）

4.5.2 about, almost, hardly, less than, more than, nearly, not, not nearly, not quite scarcely 等词常用来修饰 enough。如：

There are ***hardly enough*** cakes.
蛋糕几乎不够。

4.5.3 在特定的上下文中，little 和 few 也可以修饰 enough，强调“不够”。如：

I can't lend you money. I have ***little enough*** as it is.
我不能借钱给你，我自己已经够拮据的了。（强调钱不够）

I can't give you any stamps. I have ***few enough*** as it is.
我不能给你邮票，我手头上的邮票已经够少的了。(强调邮票不够)

4.6 both, all, either, neither, each, every, other, another 等的区别

4.6.1 这些不定代词中，either，neither，each，every 只能修饰或代替单数名词；both 和 all 一般修饰或代替复数可数名词，其中 both 表示“两者都”，通常适用于“两者之间”；而 all 表示“全部”，用于三者或三者以上。如：

each/every woman 每个女人（woman 为单数名词）

both/all (the) women 两个/所有的女人（women 为复数名词）

All (the) thirty passengers on the boat were saved.
船上 30 名乘客都得救了。(指全泛指概念)

Both of you told a lie.
你们两个人都说了谎。(表示“两者都”)

4.6.2 一般来说，either 表示“二者必有其一”；而 both 则表示“两者都”。如：

Both of you are wrong.
你们两个都错了。

Either of you is wrong.
你们当中有一个是错的。

Both he and I teach English. (II-25-p124-KS)
他和我都教英语。

Either you or I must tell him. (II-25-p124-KS)
或是你或是我必须告诉他。

He plays *either* soccer or rugby.（II-25-p124-KS）
他要么玩英式足球要么玩橄榄球。
I bought *both* of them.（II-14-p66-SD）
两个我都买了。

4.6.3 否定式用 neither，neither ... nor，注意当它们作主语时，谓语动词要和靠近谓语部分的名词或代词一致。如：

Neither he *nor* I speak English.（II-25-p124-KS）
他和我都不讲英语。
He speaks *neither* English *nor* French.（II-25-p124-KS）
他既不讲英语也不讲法语。

4.6.4 当 either 后接 end，side 这种表示"端"、"边"概念的词时，表示"两者都"。如：

On *both* sides of the street，there are trees.
街道两旁都种着树。(both 后要跟复数名词)
On *either* side of the street，there are trees.
街道两旁都种着树。(在这句话中，either 不表示"街道的某一边种着树"，而是"两边都有树"，只是 either 后必须跟单数名词)

4.6.5 both / all 可用作主语的同位语，放在助动词之后，实义动词之前。如：

They must *both* get up early tomorrow morning.
他们俩明天早上都必须早起。
They can *all* do the work well.
他们都能把这项工作做好。

4.6.6 each 可以作主语(复数名词)的同位语，放在实义动词之前。如：

The girls *each* have a beautiful skirt.
女孩儿们个个都有一件漂亮的裙子。(注意：each 作同位

语，并不约束其谓语动词的单复数，因此，动词的数应与主语“the girls”保持一致）

4.6.7 当 both，all，each，either，neither 用在代词（如 us，them 等）**前面时，其后必须加 of。**如：

Both of us left very early.

我们俩都走得很早。

All of them left very early.

他们都走得很早。

但是，当 all，both 后接名词时，则不需要加 of。如：

All the girls left early.

女孩儿们都早走了。（注意其否定形式为：***None*** of the girls left early. 即“女孩儿们中没有一个早走。”）

Both the girls left early.

两个女孩儿都早走了。（注意其否定形式为：***Neither*** of the girls left early. 即“两个女孩儿都没有早走。”）

4.6.8 all 与 every

all 和 every 都可以表示泛指概念。前者通常表示可视为一个整体的东西，或指一个总量；而后者则强调群体当中的每个单位，而且只用于修饰单数可数名词。如：

I've read ***all*** these books.

这些书我都读过了。（强调一整批书）

All forests in North Africa were destroyed during Roman times.

北非的所有森林都毁于罗马时代。

She's used ***all*** the butter.

她把黄油全用了。（强调总量）

I've read ***every*** book in the library.

我读了图书馆里的每一本书。（强调单独的每一本）

4.6.9 all 和 both 的部分否定

当使用 not 对 all 或 both 进行否定时，其否定结果为部分否定；不论 not 直接用在 all / both 之前还是用于否定动词上，都表示一样的意义。完全否定时，应该用 no, none 或 neither。请比较：

Not all the girls left early.

不是所有的女孩儿都起得早。（说明有起得晚的，为部分否定）

Not all birds can fly.

不是所有的鸟儿都会飞。（说明有不会飞的,为部分否定）

None of the girls left early.

女孩儿中没有一个早走的。（为完全否定）

No one suspected that there might be someone else on the farm who had never been seen.（III-30-p142-L10）

谁也没想到农场里竟会有一个从未露过面的人。

Neither of the girls left early.

两个女孩儿都没有早走。

All the girls did ***not*** leave early.

不是所有的女孩儿都走得早。

4.6.10 each 与 every

each 和 every 的用法十分相似，经常可以通用。前者更注重强调个体；而后者更侧重强调整体。如：

Each child in the school was questioned.

学校里的每个孩子都被询问过了。

Every child enjoys Christmas.

每个孩子都喜欢圣诞节。

Every/Each time I wash the car it rains.

每次我擦洗汽车，天总要下雨。

each 不能有修饰语；而 every 则可以被 almost, nearly, practically 等修饰，而且其后也可跟 single 连用。如：

Almost ***every*** building was damaged in the earthquake.
在地震中几乎所有的建筑都遭到了损坏。

I answer ***every*** single letter I receive.
每封来信我都回复。

each 的位置是非常灵活的，every 则没有这么灵活。each 与复数主语连用时，谓语用复数。如：

They have ***each*** taken their own share.
他们每个人都拿到了自己的那一份。(用在助动词之后)

They ***each*** have their own share.
他们每个人都有一份。(用在实义动词前)

Each of us is responsible for our actions.
我们每个人都对我们的行为负有责任。(用在句首)

Give the delivery-men $5 ***each***, please.
请给送货人每人五美元。(用在句尾)

4.6.11 another 与 (the) other(s)用法的比较

another 有两种意义，分别为：

(1) 外加的/同样的

Do you need ***another*** cup of coffee?
你要不要再来一杯咖啡？

(2) 不同的

Give me ***another*** cup. This one's cracked.
请给我换个杯子，这个裂了。

another 可与表示整体概念的复数名词连用。如：

I need ***another*** three driving lessons before my test.
考试前我还需要再上三节驾驶课。

I need ***another*** few days before I can make up my mind.
我还需要多几天时间才能决定。

another 和 other 不是确指的；而 the other(s)却是确指的。

在表示“二者中的另一个”时，the other 可单独使用，而通常情况下，(the)other 都需跟后面的名词一起使用，(the)others 可以单独使用。如：

This seat is free，***the other*** seat is taken.
这个座位空着，那个座位有人。

These seats are free，***the other*** seats are taken.
这些座位空着，那些座位有人。

There are two model planes on the table. One of them is red，***the other*** is green.
桌子上有两架飞机模型，一架是红色的，另一架是绿色的。

One has buttons and ***the other*** hasn't.
一个有扣子而另一个没有。
(以上两例均表示“二者中的另一个”)

the other day 在指时间时，有“前几天”的意思，相当于“a few days ago”。如：

Jones phoned ***the other day*** to apologize for her behaviour.
琼斯前几天打电话来对她的行为表示歉意。

another day 是“改日”之意。如：

I'm not free tomorrow. Can we arrange ***another day***?
我明天没空，我们能改个日子吗？

4.6.12 each other 与 one another

each other 和 one another 都表示“互相”，前者用于描

述两者之间；后者多指两者以上之间。在日常谈话中两者可以换用。如：

Karen and Dave are deeply in love with ***each other***.

卡伦与戴夫深深地相爱着。(两者之间)

The students are talking about the coming examination with ***one another***.

学生们相互谈论着即将到来的考试。(三者以上之间)

这两个短语都可以使用所有格形式。如：

Those two are always copying ***each other***'s /***one another***'s homework.

那两个人总是互相抄袭作业。

第五章 形容词、副词

5.1 形容词概说

5.1.1 形容词经常用于说明人或事物的性质，最为常见的是作名词的定语。根据所描述的对象和意图的不同，又可分为多种类型。请看下表：

形容词类型	举例
表质量	a beautiful lady（一位漂亮的女士） a fine /nice day（一个晴天）
表大小	a big car（一辆大轿车）、a small coin（一枚小硬币）、a tall man（一名高大的男子）
表新旧、老少	a young man（一名年轻的男子） a new bag（一个新手提包）
表温度	a cool evening（一个凉爽的夜晚） a hot summer（一个炎热的夏季）
表形状	a round table（一张圆桌） a square box（一个方盒）
表颜色	blue eyes（蓝眼睛）、grey hair（灰头发）
其他	a Japanese camera（一架日本照相机） a Swiss watch（一只瑞士手表）

5.1.2 形容词作表语，通常可以描述整个词组的意思。如：

Professor Robert's lecture on magnetism was ***fascinating***.

罗伯特教授的磁学讲得很精彩。

Some plays are so ***successful*** that they run for years on end. (III-22-p110-L1)

有些剧目十分成功，以致于连续上演好几年。

To maintain that we can survive a nuclear war is ***absurd***.

认为我们能在核战争中幸存下来的说法是荒唐的。

Yesterday, I bought a book. Books are not very ***expensive***. (II-6-p33-KS)

昨天我买了一本书。书不很贵。

5.2 复合形容词的构成

5.2.1 用过去分词构成。如：

a candle-lit table（一张点着蜡烛的桌子）、a horse-drawn cart（一辆马车）、a tree-lined avenue（林阴大道）等。

5.2.2 用现在分词构成。如：

a long-playing record（密纹唱片）、a long-suffering parent（长期受苦的父母）、a time-consuming job（费时的工作）等。

5.2.3 用看上去是分词，实际上是用"名词 + ed"合成的词构成复合形容词。如：

flat-chested（扁平胸的）、cross-eyed（内斜视的）、slow-footed（脚步慢的）、quick-witted（机敏的）、open-minded（头脑开明的）等。

5.2.4 表示度量的复合形容词

特征	例子
年龄	a three-year-old building（一座有三年之久的建筑物） an eighteen-year-old girl（一位18岁的姑娘）

特征	例子
面积/体积	a three-acre plot (一块 3 英亩的地) a two-litre car (汽缸容量为 2 公升的小汽车)
持续时间	a four-hour meeting (历时 4 小时的会议) a two-day conference (为期两天的会议)
长度/深度	a twelve-inch ruler (一把 12 英寸长的尺子) a six-foot hole (一个 6 英尺深的洞)
价格	a $50 dress (一件价值 50 美元的衣服)
时间/距离	a ten-minute walk (一次 10 分钟的步行) a three-hour journey (一次 3 小时的旅程)
重量	a ten-stone man (一位体重 140 磅的男子) a five-kilo bag of flour (一袋 5 公斤的面粉)
带序数词的	a first-rate film (一部一流的电影) a second-hand car (一辆二手车)

5.2.5 用前缀或后缀构成的复合形容词。如:

tax-free (免税的)、water-proof (防水的)、tight-lipped (嘴紧的)、vacuum-sealed (真空封闭的) 等。

5.3 定语形容词和表语形容词

5.3.1 一般来讲,几乎所有的形容词都能作表语,但有些形容词却不能或不常作表语。如:

countless (无数的)、digital (数字的)、indoor (室内的)、western (西方的)、commanding (发号施令的)、thankless (忘恩负义的) 等。

5.3.2 有些形容词，如 old, late, heavy 等，**既能作表语也能作定语，但表示的意思是不同的。**如：

Jordan is ***old*** now.

乔丹现在已经老了。(old 作表语，指年纪大)

Jepson is an ***old*** friend.

杰普森是一位老朋友。(old 作定语，指相识的时间已经很久了)

Your suitcase is very ***heavy***.

你的箱子很重。(heavy 作表语，指重量)

Jepson is a ***heavy*** smoker.

杰普森是个烟鬼。(heavy 作定语，指抽烟很多的)

You're ***late*** again.

你又迟到了。(late 作表语，指不准时)

My ***late*** uncle was a miner.

我已故的叔叔是个矿工。(late 作定语，指去世的)

5.3.3 有些形容词只能作表语而不能作定语，我们通常把这类形容词称为表语形容词。表语形容词主要有以下三种：

(1) 描述与健康有关的一些形容词。如：faint, ill, poorly, unwell, well 等。

—What's the matter with him?

他怎么啦？

—He's ***ill/unwell***.

他病了/不舒服。

—How are you?

你好吗？

—I'm very ***well***, thank you.

我很好，谢谢你。

—What's the matter with Mr. Jepson?

杰普森先生怎么啦？

—He's very ***ill***.

他病得很厉害。

ill, sick 都有"生病的"的意义，sick 也可以作定语，而 ill 一般只作表语。如：

He's ***ill***.

他病了。(ill 作表语)

He is a ***sick*** man.

他是个病人。(sick 作定语)

当 faint 和 ill 作定语时，它们的意思则不指健康状况。如：

a faint chance (很小的可能性)、a faint hope (微弱的希望)、a faint sound (微弱的声音)、an ill wind (坏风)、an ill effect (不良影响)、an ill omen (凶兆)等。

(2) 很多以 a 开头的形容词，只能作表语而不能作定语。如：

afloat (漂浮的)、alight (发亮的)、awake (醒着的)、asleep (睡着的)、alone (单独的)、afraid (害怕的)、alike (相同的)、ashamed (羞愧的)、alive (活着的) 等。

The children were ***asleep*** at 7:00, but now they're ***awake***.

孩子们7点就睡着了，但现在他们醒了。

All the hostages on the plane are ***alive*** and well.

飞机上所有的人质都活着并很健康。

He ought to be ***ashamed***.

他应该感到羞愧。

You can be ***alone*** without being lonely.

你可以独处而不感到寂寞。

(3) 一些描述感觉、反应的形容词，只能作表语，而不能作定语。如：content，glad，pleased，sorry，upset，near，far 等。

I'm very ***glad*** to meet you.

我见到你很高兴。

Your hotel is quite ***near*** here.

你的旅馆离这儿很近。

They aren't ***far*** from here.

他们离这儿不远。

This woman is ***glad*** / ***content***.

这位妇女很快乐/心满意足。

5.4 用在名词后的形容词

5.4.1 有些形容词常放到头衔名词的后面作修饰语。如：

Attorney General（检察总长）、Governor General（总督）、Heir Apparent（法定继承人）、Poet Laureate（桂冠诗人）、Postmaster General（邮政总局局长）、President Elect（当选总统）、Sergeant Major（军士长）等。

5.4.2 还有一些固定搭配的词组，也是将形容词置于所修饰的名词之后。如：

sum total（总计）、Asia Minor（小亚西亚）、hope eternal（永恒的希望）、penny dreadful（廉价的惊险小说）、time immemorial（史前时期）、body politic（政治统一体）等。

5.4.3 有些形容词既可放在名词前也可放在名词后，但它们的意思通常有所改变。如：concerned，elect，involved，present，proper，responsible 等。**请比较：**

The ***concerned*** (= worried) doctor rang for an ambulance.

心情焦虑的医生打电话叫救护车。

The doctor ***concerned*** （= responsible）is on holiday.
主管医师在休假。
This ***elect*** （= specially chosen）body meets once a year.
这一当选机构每年举行一次会议。
The president ***elect*** （= who has been elected）takes over in May.
当选主席将于五月接任。
It was a very ***involved*** （= complicated）explanation.
这是一项非常复杂的说明。
The boy ***involved*** （= connected with this）has left.
该男孩已离去。
Present employees（= those currently employed）number 3,000.
现有雇员达3,000人。
Employees ***present*** （= those here now）should vote on the issue.
在场的雇员应该对这一问题进行表决。
Jones is a ***responsible*** girl.（= Jones has a sense of duty.）
琼斯是个有责任心的姑娘。
The girl ***responsible*** （= who can be blamed）was expelled.
负有责任的那个姑娘被开除了。

5.5 “the + 形容词”的用法

“the + 形容词”表示作为整体的群体，谓语动词用复数。如：

the blind（盲人）、the living/the dead（生/死者）、the rich（富人）、the poor（穷人）、the young（年轻人）、the old（老年人）、the wounded（伤员）等。

He was sent to a special school for ***the blind***.
他被送到特为盲人办的学校去了。
You can always judge a society by the way ***the old*** are cared for.

你总是可以通过老人受到照顾的情况来评判一个社会。

The rich should help ***the poor***. (II-54-p254-KS)

富人应该帮助穷人。

There are many organizations to help ***the deaf*** and ***the blind***. (II-54-p254-KS)

有许多组织帮助聋人和盲人。

5.6 形容词的词序

当我们需要用多个形容词修饰同一个名词时，需要注意其词序规律。没有固定不变的词序规则，因为它在很大程度上取决于说话人要强调的对象。一般来说，普通品质应先于特殊品质，品质越特殊，就应越靠近其所修饰的名词，其顺序大致是这样的：

形容词词序						名词
品质	尺寸/新旧/样式	颜色	产地	过去分词	材料	cupboard
beautiful	old	brown	French	handmade	teak	

5.7 形容词的比较等级

5.7.1 形容词的分级

(1) 大多数形容词是可以分级的，即有比较级与最高级形式。如：

类型	原级	比较级	最高级
例子	warm good beautiful hot bad	warmer better more beautiful hotter worse	warmest best most beautiful hottest worst

(2) 但是，有一些形容词则不能分级，即没有比较级和最高级。它包括无分级形容词和极限形容词两种。如：

daily，dead，medical，unique（无分级形容词）

excellent，perfect，favourite（极限形容词）

Fishing is my ***favourite*** sport.（II-20-p88-L1）

钓鱼是我特别喜爱的一项运动。

5.7.2 形容词比较级的构成

形容词的比较级和最高级的一般构成方法是：

(1) 单音节形容词及少数双音节形容词直接在后面加-er 和-est 构成比较级和最高级。如：

cold	colder	coldest
cool	cooler	coolest
great	greater	greatest
hard	harder	hardest
new	newer	newest
short	shorter	shortest
thick	thicker	thickest

(2) 在以重读闭音节结尾的形容词中，当结尾是一个元音字母加一个辅音字母时，应双写其结尾的辅音字母后再加-er 和-est。如：

fat	fatter	fattest
sad	sadder	saddest
thin	thinner	thinnest
wet	wetter	wettest

(3) 有些形容词是以字母-e 结尾，它们的比较级和最高级可在其后直接加-r 和-st。如：

fine	finer	finest
large	larger	largest

safe	safer	safest
strange	stranger	strangest

(4) 有些形容词是以字母-y 结尾，而且在-y 的前面有一个辅音字母，这种形容词变为比较级和最高级时应首先把 y 变为 i，然后再加-er 和-est。如：tidy—tidier—tidiest。这类词还包括有 busy，dirty，dry，easy，empty，funny，heavy，ready，sleepy 等。

有少数形容词的结尾字母-y 前面是一个元音字母，这种情况的比较级和最高级只在该形容词后直接加-er 和-est。如：gay，grey，fey 等。

(5) 三个和三个音节以上的形容词变为比较级和最高级形式时通常在词的前面加 more 和 most。如：

beautiful	more beautiful	(the) most beautiful
wonderful	more wonderful	(the) most wonderful

(6) 还有一些形容词的比较级和最高级的变化是不规则的。如：

good / well	better	best
bad	worse	worst
far	farther / further	farthest / furthest
little	less	least

5.7.3 形容词比较级和最高级的用法

(1) 当我们把一个人或事物与另一个人或事物进行比较时，用比较级。如：

Jane is ***taller*** than Alice.

简比艾丽斯高。(单项之间比较)

Jane is ***taller*** than other girls.

简比其他女孩子高。(单项与一组之间比较)

The girls in Class Three are ***taller*** than the girls in Class One.

三班的女孩子比一班的女孩子高。（两组之间比较）

Caroline's dress was ***more expensive*** than Jane's.（II-8-p41-KS)

卡罗琳的裙子比简的贵。

(2) 将某一范围内的一个人或物和其他一个以上的人或物作比较时，用最高级。短语或句子中的形容词最高级前要用定冠词 the，副词则不必。如：

—Who is ***the tallest***, John, Mary or Sue?

谁最高，是约翰、玛丽还是休？

—John is ***the tallest***.

约翰最高。

First Class is ***the most expensive*** way to travel.

坐头等舱旅行是最贵的。

(3) 我们经常用"more and more"的句型来表示"越来越……"的意思。如：

Alice is getting ***more and more*** beautiful.

艾丽斯越来越漂亮了。

It's getting ***colder / warmer and colder / warmer***.

天越来越冷/热了。

(4) 在表示"越……就越……"时，用"the more . . . , the more . . ."句型。如：

The more money you make, ***the more*** you spend.

你钱赚得越多，花得就越多。

The more expensive petrol becomes, ***the less*** people drive.

汽油越贵，开车的人就越少。

Needless to say, ***the bigger*** the risk an insurance company takes, ***the higher*** the premium you will have to pay.（III-43-p200-L5-6)

不用说，保险公司承担的风险越大，你付的保险费也就越高。

(5) 可修饰形容词比较级的词

形容词的比较级通常只有少数表示程度的词才能修饰。如：a bit, a little, a few, a great deal, much, a lot, lots, far, by far, even, still, hardly any, rather, no 和 somewhat。如：

It's ***much / far / a lot colder*** today than it was yesterday.

今天比昨天冷得多。

Houses are ***much / far / a lot more expensive*** these days.

如今的房价贵多了。

Mary's dress was ***much / far / a lot more expensive*** than Caroline's.

玛丽的裙子比卡罗琳的裙子贵多了。

(6) 可修饰形容词最高级的词主要有：almost, altogether, by far, far, much, nearly, quite, the very 等。如：

This is ***quite / by far the most expensive*** bicycle in the shop.

这是这家商店里最贵的自行车。

This is ***by far the worst*** stretch of motorway in the country.

这是这个国家最糟糕的一段公路。

I want to give my children ***the very best*** education I can afford.

我想给我的孩子们提供我所能提供的最好的教育。

5.7.4 形容词原级的常用句型

当使用"as + 形容词原级 + as"的句型时，表示前后两者具有同等程度；其否定形式一般为"not as / so + 形容词

原级 + as”，一般可理解为“前者不如后者”。如：

Jane is ***as tall/intelligent as*** Jones.

简和琼斯一样高/一样聪明。

He is ***not so/as suitable*** for the job ***as*** me/***as*** I am.

他不如我适合这项工作。

She is ***not so/as intelligent as*** we think. (II-32-p151-KS)

她不像我们想象的那么聪明。

He unlocked the door ***as quickly as*** he could. (II-32-p151-KS)

他尽快地打开了门。

5.8 副词概说

5.8.1 一般情况下，副词可以修饰动词、形容词、其他副词、介词短语等，具有对这些词进行补充说明的作用。如：

修饰对象	例子
形容词	very good (很好) awfully hungry (非常饿)
其他副词	very soon (很快) awfully quickly (非常快)
介词短语	You're ***entirely*** in the wrong. (你完全错了。)
完整的句子	***Strangely***, I won first prize. (说来奇怪，我得了一等奖。)

Jane played the violin ***beautifully***.

简小提琴拉得优美动听。(修饰动词，说明了拉小提琴的效果)

5.9 副词的常见构成形式

5.9.1 “形容词 + -ly”是最常见的副词构成形式。如：

patient（耐心的）→patiently（耐心地）、beautiful（美丽的）→beautifully（美丽地）、usual（通常的）→usually（通常地）、near（近的）→nearly（几乎）、easy（容易的）→easily（容易地）、cheap（便宜的）→cheaply（便宜地）等。

当然，也有例外。如：

there（那里）、then（那时）、however（然而/但是）、perhaps（也许）、fast（快）等。

5.9.2 注意有些以-ly 结尾的词，并不一定是副词，当在名词后加 -ly 时，则一般构成形容词。如：

friendly（友好的）、monthly（每月的）、seasonly（每季的）、daily（每日的）、brotherly（兄弟般的）等。

Susan is a ***friendly*** girl.

苏珊是一个很友好的女孩儿。

The house has many large rooms and there is a ***lovely*** garden. (II-23-p100-L6-7)

这栋房子里有许多宽敞的房间，还有一个漂亮的花园。

5.10 副词的比较等级

副词的比较等级与形容词的类似，由它构成的句型也大致一样，只是所修饰的对象不同。如：

She is ***the fastest*** girl.

她是跑得最快的女孩儿。(fastest 修饰“女孩儿”，为形容词最高级)

She runs ***fastest***.

她跑得最快。(fastest 修饰“跑”，为副词最高级，注意多

数副词的最高级前不能使用 the)

Jane sings ***as sweetly as*** her sister.

简唱得和她姐姐一样甜美。

She can't jump ***so high as*** Betty.

她不能像贝蒂跳得那么高。

5.11 方式副词

5.11.1 方式副词的位置通常有三种:

(1) 在句尾或宾语/动词之后。如:

Jane watched the small monkey ***curiously***.

简好奇地看着小猴子。(在宾语后)

It snowed ***heavily*** last January.

去年一月份雪下得很大。(在动词之后)

My holidays passed ***quickly***, but I did not send cards to my friends. (II-3-p20-L5-6)

假期过得真快,可我还没有给我的朋友们寄过明信片。

(2) 在主语和动词之间。如:

Bob ***angrily*** slammed the door behind him.

鲍勃生气地"砰"一声关上了门。

(3) 用在句子开头。如:

Quietly, he moved forwards to get a better view.

他为了看得更清楚,悄悄地往前挪动。

Normally, our papers are delivered every morning.

通常情况下,我们的报纸每天早晨送到。

5.11.2 有些方式副词,如: bravely, cleverly, cruelly, foolishly, generously, kindly, secretly, simply, badly, naturally 等,

当位置改变时，其强调的方面也随之变化。请比较下列句子：

He ***foolishly*** locked himself out.

他傻乎乎地把自己锁在了门外。(强调"他无疑是个傻瓜")

He behaved ***foolishly*** at the party.

他在聚会上举止可笑。(强调这是一种"可笑的方式")

You typed this letter very ***badly***.

你这封信打得很糟。(强调方式)

We ***badly*** need a new typewriter.

我们非常需要一名新打字员。(强调程度)

You should always speak ***naturally***.

你应该一直自然地讲话。(强调方式)

Naturally, I'll accept the invitation.

当然，我会接受邀请的。(强调态度)

5.12 地点副词

常用的地点副词有：abroad, ahead, anywhere, everywhere, right, left, here, there, south, north, backwards, forwards, somewhere, downstairs, upstairs 等。其位置一般用于方式副词后、时间副词前。如：

He read quietly (方式) ***downstairs*** (地点) all afternoon (时间).

他整个下午都静静地在楼下看书。

也可以用在句子的开头。如：

Indoors it was nice and warm. ***Outdoors*** it was snowing heavily.

室内温暖舒适，室外大雪纷飞。

5.13 时间副词

时间副词可分为表确定时间的副词和表不定时间的副词两种。常用的表确定时间的副词有：tomorrow，yesterday，last month，this May 等，表示了明确的时间概念。表不定时间的副词非常多，如：already，another day，another time，at once，at last，early，eventually，formerly，immediately，just，late，lately，recently，now，nowadays，once，one day，presently，some day，then，these days，suddenly，subsequently 等。

表确定时间的副词的位置一般在句首或句尾。如：

This morning I had a telephone call from Jane.

今天早晨我接到了简打来的电话。

We checked in at the hotel ***this Monday/yesterday***.

我们这星期一/昨天住进了旅馆。

表不定时间的副词的位置一般放在句首、句尾、实义动词之前和助动词或系动词 be 之后。如：

Recently the clavichord was damaged by a visitor.（II-10-p48-L4-5）

最近那架古钢琴被一个客人弄坏了。（句首）

By the way，have you seen Harry ***recently***?（II-5-p30-SD）

顺便问一句，你最近见过哈里吗？（句尾）

I was ***recently*** in New York.

我最近在纽约。（系动词后）

Kidnappers are ***rarely*** interested in animals，but they recently took considerable interest in Mrs. Eleanor Ramsay's cat.（III-19-p86-L1-2）

绑架者很少对动物感兴趣。最近，绑架者却盯上了埃莉诺·拉姆齐太太的猫。

5.14 already 和 yet

5.14.1 already 一般不用在否定句和疑问句中，它的位置与非确定性频度副词(见 p.85)相同。如：

This machine is ***already*** out of date.

这台机器已经过时了。(系动词后，与非确定性频度副词一样)

This computer is out of date ***already***.

这台电脑已经过时了。(句尾)

I have understood the problem ***already***.

我已经弄懂了这个问题。

I've ***already*** seen the report.

我已经看到报告了。(在助动词后)

Jones ***already*** knows the truth.

琼斯已经知道事实真相了。(在主语后，实义动词前)

为了特别强调起见，already 也可放在助动词之前。如：

—You'd better lock up.

你最好锁上门。

—I ***already*** have (locked up).

我已经锁上门了。(放在助动词之前，为了强调"已经锁上门"这个事实)

already 放在句尾时，有时可以强调"比预料的要快些"之意。如：

Don't tell me you've eaten it ***already***.

别告诉我你已经吃过了。

5.14.2 yet 一般用于疑问句和否定句中，通常放在句尾。如：

Have the new petrol prices come into force ***yet***?

新的汽油价格已经付诸实施了吗?

Haven't the new petrol prices come into force ***yet***?

新的汽油价格还没有付诸实施吗?

The new petrol prices haven't come into force ***yet***.

新的汽油价格尚未付诸实施。

在否定句中, yet 可以用在实义动词之前。如:

The new petrol prices haven't ***yet*** come into force.

新的汽油价格还没有付诸实施。

在否定简略答语中 yet 常常用在 not 的后面。如:

—Has the concert finished?

音乐会结束了吗?

—No, not ***yet***.

还没有。

在不定式前, yet 几乎与 still 同义。如:

—Who'll be appointed?

谁会得到任命呢?

—It's ***yet/still*** to be decided.

还有待决定。

在让步状语从句中, yet 可以用在主句句首, 其意义和 but 差不多, 但由于 but 是从属连词, 所以不能放在主句句首。如:

Although I got up late this morning, ***yet*** I caught the first bus.

尽管我今天早晨起床晚了, 但还是赶上了头班车。

Though Mr. Thompson had turned the lights off before he went to bed, ***yet*** they were on in the morning. (II-47-p210-L6-7)

虽然汤普森临睡觉时把灯关了, 但早晨灯却都亮着。

5.15 频度副词

5.15.1 频度副词包括频度副词和频度副词短语

频度副词有：hourly，once，twice，weekly，daily，fortnightly，monthly，yearly，annually，never，seldom，often，usually，sometimes，regularly 等；频度副词短语有：three times a day，once a month，every three days，once a week 等。

There's a collection from this letter box ***twice daily***.

此信箱每天收信两次。

He calls at every house in the street ***once a month*** and always asks for a meal and a glass of beer.（II-6-p32-L6-8）

他每月对这条街上的每户人家光顾一次，总是请求给他一顿饭和一杯啤酒。

5.15.2 确定性频度副词，如：once，twice，three times a day / a week，hourly，daily，weekly，yearly，annually，every three years，on Fridays / weekdays 等，**通常放在句尾。**如：

I saw my girlfriend ***once a week***.

我每星期去看我的女朋友一次。

但在复合句中，由于句中不只存在一个动词，因此应根据频度副词所修饰的对象确定其相应位置，以免产生歧义。请比较：

Once a month, we visit our daughter who's at Harvard University.

我们每个月去看望在哈佛大学上学的女儿。（once a month 用在句首，因此根据就近原则，应理解为它所修饰的对象是 visit，而不是 is）

We visit our daughter who's at Harvard University ***once a month***.

我们去看望每个月去一次哈佛大学的女儿。(once a month 用在句尾，这时应该理解为它所修饰的对象是 is，而不是 visit)

5.15.3 非确定性频度副词，如果按频率的大小来排序的话，应为：

always > almost always > nearly always > generally / normally / regularly / usually > frequently / often > sometimes / occasionally > almost never / hardly ever / rarely / scarcely ever / seldom > not . . . ever / never

5.15.4 表示否定意义的非确定性频度副词不能与 not 连用。请比较：

We ***hardly ever*** see Mr. Lee these days.

这几天我们难得见到李先生。(不能说 We ***don't hardly ever*** . . .)

5.15.5 在肯定句和疑问句中的非确定性频度副词通常放在句子中间。大多数非确定性频度副词一般都位于助动词之后或实义动词之前。如：

I was ***never*** very good at maths.

我在数学方面从来就不很好。(句子中只有一个动词 be，非确定性频度副词位于其后)

In spite of this, she ***often*** appears on the stage as a young girl. (II-17-p76-L2)

尽管如此，她却常在舞台上扮演小姑娘。(位于实义动词之前)

Jack ***often*** made unwise decisions.

杰克常常做出一些不明智的决定。(当句子中只有一个完全谓语动词时，放在它的前面)

You can ***always*** contact me on 5327779 after 9:00 p.m.

你总是可以在晚上 9 点以后用 5327779 这个电话与我联系。(位于第一个助动词之后)

My brother has ***never*** been abroad before, so he is finding this trip very exciting. (II-4-p24-L6-7)

我弟弟以前从未出过国，因此，他觉得这次旅行非常激动人心。

在否定句中，通常位于句子中间。如：

I don't ***usually*** get up before 9:00 on Sundays.

星期日我一般不在 9 点以前起床。

Public transport isn't ***always*** very reliable.

公共交通并不总是很可靠。

However, this does not ***always*** happen. (II-16-p72-L3)

然而，情况并不都是这样。

5.15.6 非确定性频度副词也可放在句尾。如：

I get paid on Fridays ***usually***.

我通常在星期五领工资。

Traffic police are very polite ***sometimes***.

交通警有时也很客气。

I'll love you ***always***.

我将永远爱你。(本句中 always 当"永远"讲，和 forever 接近)

在特别强调对比时，下列非确定性频度副词，如 frequently, generally, normally, occasionally, ordinarily, sometimes, usually 等可放在句首。如：

Sometimes we get a lot of rain in August.

有时在 8 月份雨水很多。

Very / Quite ***often*** the phone rings when I'm in the bath.

电话经常在我洗澡时响。

5.16 程度副词

5.16.1 常用的程度副词有：quite，almost，altogether，barely，a bit，enough，fairly，hardly，nearly，rather，somewhat，too 等。这些词大部分用在所修饰的词语前面。如：

(1) 修饰形容词：***quite*** good（相当好）

(2) 修饰副词：***quite*** quickly（相当快地）

(3) 修饰动词：I ***quite*** like her.（我相当喜欢她。）

(4) 修饰名词：（少数情况）***quite*** an experience（一段颇不寻常的经历）

5.16.2 fairly 与 rather

(1) fairly 通常表示褒义的概念，描述主语所期望的和具有积极意义的情况，表示事物处于好的状态。如：

The lecture was ***fairly*** good.

这次讲座还好。

He's a ***fairly*** good speaker.

他是一位还不错的演讲者。

(2) rather 比 quite 和 fairly 语气更强，往往含有"过分"的意思，通常用于描述主语所不愿意或消极的内容，如：

He is clever but ***rather*** lazy.

他很聪明但颇为懒惰。

This jacket's ***rather*** old.

这件外衣太旧了。

I did ***rather*** badly in the competition.

在比赛中我表现得相当差。

(3) rather 可与比较级连用，而 fairly 一般不能。如：

Jack earns ***rather*** more than his father.

杰克挣的钱比他父亲多得多。

My brother is ***rather*** better today.

我弟弟今天好多了。

The three girls collect photos of film stars. Caroline has ***rather*** more photos than the other two.

这三个女孩儿都搜集影星的照片。卡罗琳搜集的照片比另外两个都要多得多。

(4) rather 可与 too 连用，强调“过分”的意思。如：

This book is ***rather too*** easy for the college students.

这本书对于大学生来说太容易了。(强调这本书因为太容易，而根本不适合他们阅读)

(5) 当与褒义的形容词连用时，rather 含有“惊人地”的意思。如：

I did ***rather*** well in the test—better than I had expected.

这次考试我考得相当好——比我预料的还好。

(6) rather 在与名词连用时，其位置是灵活的，放在不定冠词前或不定冠词后均可；而 fairly 只能放在不定冠词后。如：

As there were not enough lifeboats for everybody, 1500 lives on the Titanic were lost. It's a ***rather*** sad story. (= It's ***rather*** a sad story.)

由于“泰坦尼克”号上没有足够的救生艇运载所有乘客，结果1500人丧生。这是一个颇为悲惨的故事。

It's a ***fairly*** good car.

这是一辆相当好的车。(通常不能说 It's ***fairly*** a good car.)

第六章 介 词

6.1 概说

6.1.1 介词经常用在名词或名词短语、代词或动名词之前，用来表示人、物、事件等与其他人、物、事件等之间的关系。如：

I gave the book ***to*** Jane.

我把书给了简。(介词 + 名词)

A dog ran ***across*** the road and the driver tried to avoid it. (II-3-p21-KS)

一条狗穿过马路，那位司机企图躲开狗。

I gave the book ***to*** her.

我把书给了她。(介词 + 代词)

Jane devotes her time ***to*** reading.

简的时间都用于读书。(介词 + 动名词)

6.1.2 介词经常表示的关系如下：

We ran ***across*** the field.

我们跑过田野。(空间)

Last year, we were travelling ***across*** the Channel and Jane put a piece of paper ***with*** her name and address ***on*** it ***into*** a bottle. (II-22-p96-L2-4)

去年，当我们横渡英吉利海峡时，简把写有她姓名和住址的一张纸条装进了一只瓶子。(空间)

The plane landed ***at*** 6:55 p.m. precisely.

飞机在下午6点55分准时降落。(时间)

Travel is cheap for us because ***of*** the strength of the dollar.

由于美元的坚挺，旅行对于我们来说是便宜的。(原因)

You unlock the door ***by*** turning the key to the right.

你把钥匙向右转即可把门打开。(方式、方法)

6.2 介词的形式

6.2.1 常见的介词的形式有两种：

(1) 单个词。如：at，from，in，to，into 等。

There's someone ***at*** the door.

门口有人。

She never thought ***of*** the bottle again. (II-22-p96-L4-5)

此后她就再没去想那只瓶子。

(2) 两个或两个以上的介词短语。如：according to，apart from，because of 等。

There are a lot of trees ***in front of*** the school.

学校前面有许多树。

6.2.2 介词后面的名词没有"格"的变化。如：

The car stopped ***behind / in front of*** the girl.

车在姑娘身后/面前停下了。

She threw the bottle ***into*** the sea. (II-22-p96-L4)

她将瓶子扔进了大海。

但用在介词后面的代词应该用宾格。如：

The car stopped ***behind / in front of*** her.

车在她身后/面前停下了。

Between you and me, there is no truth in the report.

就你和我知道，那个报告里没有真话。

The driver got out of the car and began shouting ***at*** me. (II-3-p21-KS)

司机下了车，开始朝我喊了起来。

He was very angry ***with*** me. (II-3-p21-KS)

他对我很生气。

6.3 可兼作介词和连词的词

有些词既可作介词（其后跟宾语），也可作连词（其后跟从句）。如：as, after, till, since, before, until 等。

I haven't seen him ***since*** this morning.

我今天早晨起就没有见到他。(since 为介词)

I haven't seen him ***since*** he left this morning.

从今天早晨他离开后我就没有见到他。(since 为连词，引导从句)

Please come to me ***after*** 3 o'clock.

请在 3 点以后来找我。(after 为介词)

We went to the beach directly ***after*** we got up.

我们起床后就直接去了海滩。(after 为连词)

6.4 表示动态或静态的介词

6.4.1 有些介词，如：into, onto, out of 等，**一般都与表示动作的动词连用，表示动态概念。如：**

A bird ***flew into*** my bedroom this morning.

今天早晨有一只鸟飞进了我的卧室。

I drove ***out of*** the car park.

我把车开出了停车场。

The car climbed ***onto*** the pavement and crashed into that post. (II-3-p21-KS)

那辆车走上人行道，撞到那根杆子上。

6.4.2 还有一些介词，如：near，above，behind，across，along，beside，between 等，**与某些表示静态概念的动词连用时，表示静态；而与表示动态概念的动词连用时，则表示动态。**如：

A young man and a young woman were sitting ***behind*** me. (II-1-p12-L2-3)

一青年男子与一青年女子坐在我的身后。(静态)

I waited ***in*** the hotel lobby.

我在旅馆的门厅里等候。(静态)

He hurried ***across*** the street.

他匆匆跑过那条街道。(动态)

6.5 表示时间的介词和介词短语

6.5.1 介词 at，in 和 on 不仅表示地点，也表示时间。如：

Many tourists come here in summer. They usually come ***in*** July and ***in*** August. (II-9-p45-KS)

许多旅游者夏天到这里来。他们常在 7、8 月来。

还可以用 approximately，about，around，round，round about 等词与介词连用来描述近似的时间概念。如：

The accident happened ***at*** approximately 5:30 a.m.

事故大约发生在早晨 5 点半。

6.5.2 用 at 的时间短语

at 表示时间时一般表示具体的时间点，但也有例外。请看下表：

适用情况	例子
确切时间	at 10 o'clock (在 10 点钟)
用餐时间	at lunch time (在午饭时间)、at tea time (在茶点时间)、at dinner time (在晚餐/正餐时间)
节日	at Christmas (在圣诞节) at Easter (在复活节)
年龄	at the age of 33 (在 33 岁时) at 17 (在 17 岁时)
其他时刻	at dawn (拂晓)、at noon (在中午)、at midnight (在半夜)、at night (在夜里)

6.5.3 用 on 的时间短语

on 一般用于表示一整天的时间概念，如：on Monday (在星期一)、on Saturday (在星期六)、on June 23rd (在 6 月 23 日)、on that day (在那天) 等。

但也有例外，如果在一段时间前面有定语修饰的时候，一般也用 on。如：on Monday morning (在星期一早晨)、on that evening / night (在那个晚上)、on a snowy day (在一个下雪天)、on my birthday morning (在我生日的那天早晨) 等。

有些节日前也用 on。如：on Christmas Day (在圣诞节)、on New Year's Day (在元旦)等。

Prisoners of war began to build this bridge ***on*** May 5th, 1942.

战俘们于 1942 年 5 月 5 日开始修建这座桥。

6.5.4 用 in 的时间短语

一般表示时间段，长短皆可。请看下表：

适用情况	例子
一天中的某段时间	in the evening（在晚上） in the morning（在早晨）
月份	in June（在 6 月） in September（在 9 月）
年份	in 1997（在 1997 年） in 1980（在 1980 年）
季节	in (the) spring（在春天） in (the) winter（在冬天）
世纪	in the 6th century（在 6 世纪） in the 21st century（在 21 世纪）
节日	in Ramadan（在斋月） in Easter Week（在复活节一周期间）
时期	in that period（在那个时期） in the holidays（在假期里）

The Second World War began ***in*** 1939 and ended ***in*** 1945. (II-9-p45-KS)

第二次世界大战于 1939 年开始，于 1945 年结束。

It is very quiet here ***in*** winter. (II-9-p45-KS)

冬天这里很安静。

6.6 动词 + 介词/副词小品词

由“动词 + 介词/副词小品词”构成的短语动词是非常普遍的，而且短语动词的用法也特别合乎英语的行文习惯。在使用短语动词的时候应注意以下几点：

6.6.1 "动词 + 介词/副词小品词"的五种类型：

类别	例子
动词 + 介词（及物）	get over (an illness) [养好了（病）]
动词 + 副词小品词（及物）	bring up (the children) [养育大（孩子）]
动词 + 副词小品词（不及物）	come out / break out（发生）
动词 + 副词小品词 + 介词（及物）	run out of (matches) [用完（火柴）]
动词 + 名词 + 介词（及物）	take part in（参加）、play a part / role in（扮演角色）

6.6.2 在由"动词 + 副词小品词"构成的短语动词中，副词小品词的位置是比较灵活的。当其宾语是名词时，副词可以放在名词的前面或后面；当其宾语为代词时，则副词只可放在代词之后；但如果宾语比较长时，则应尽力避免把小品词与动词分开。如：

She ***turned off*** all the lights which had been left on.

她关掉了所有还亮着的灯。

"I'm very sorry," he said. "My dog ***had taken*** it ***into*** the garden." (II-18-p80-L9-10)

"实在抱歉，"他说，"我的狗把它弄到花园里去了。"

This cat is too noisy. ***Take*** it ***out***, please.

这只猫太吵了，请把它弄出去。

It was very hot , so I ***took off*** my coat. (II-6-p34-SD)
(= I ***took*** my coat ***off***.)
天很热，因此我脱掉了外套。

I ***knocked*** the vase ***off*** the table and broke it. (II-6-p34-SD)
我把花瓶从桌上碰掉，把它打碎了。

及物的动词短语可以用于被动式。如：

All the lights in the house ***have been turned off***.
房子里所有的灯都已经被关掉了。

In the fight, the policeman ***was knocked out*** by the thief.
在搏斗中，警察被小偷打昏了。

6.6.3 大部分"动词＋副词小品词"形式的动词短语中，小品词与动词本身的意义是有一定联系的，或者有一定的参照性， 如：take off (脱/摘掉)、pick up (捡起)、take . . . away (拿走)、come up (上来)、guess out (猜出来)等。**但有些小品词与动词搭配时，动词本身已经没有什么实际意义，同一个动词在搭配了不同的小品词之后，其意思大相径庭。** 如：

bring up the children (养育孩子)
bring off a deal (做成一笔买卖)
bring on an attack of asthma (引起哮喘病)
bring somebody ***round*** to our point of view (说服某人同意我们的观点)
bring someone ***round*** (使某人苏醒)
bring down the house (拆掉房子)
(不同的小品词与同一个 bring 搭配，所形成的词组的意思却完全不同)

6.6.4 在英语中有些动词是不及物动词，当它们需要带宾语时必须通过后面跟介词的方式。 如：listen to (听)、look at (看)、ask for (请求)、wait for (等待)、look for (寻找) 等。

She is ***waiting for*** her boyfriend.

她在等她的男朋友。

You should ***ask for*** the bill.

你应该要账单。

6.6.5 一些不及物动词与小品词搭配之后，形成的仍然是不及物的短语动词。如：

Alice went ***out***.

艾丽斯出去了。

We ***set off*** very early.

我们很早就出发了。

Harry ***turned up*** after the party when everyone had left.

晚会后，人们都已离去，哈里出现了。

6.6.6 动词+介词/副词小品词+宾语（后接名词或动名词，而不接不定式）。如：dream of（梦想）、think of（想到）、succeed in（成功）、insist on（坚持）等。

Your father ***insists on*** coming with us.

你父亲坚持和我们一起来。

He ***dreamed of*** being a pilot.

他曾梦想成为一名飞行员。

Bater ***succeeded in*** joining NBA after Wang Zhizhi.

继王治郅之后，巴特尔也成功加盟 NBA.

I must ***apologize for*** interrupting you. (II-20-p89-KS)

由于打断了你的说话（工作），我得表示道歉。

6.6.7 使用"动词+介词"形式的短语动词时，不能把介词放在宾语之后。如：

Look at this picture.

看这幅画。(不能说"Look this picture at.")

此类动词短语，根据需要可以使用被动式；也可以有副词修饰。如：

Every problem that came up ***was dealt with*** efficiently.

出现的每一个问题都被迅速地处理了。

The clock has stopped! I ***looked*** carefully ***at*** my watch. It was true.

那钟已经停了！我仔细地看了一下我的手表，果真如此。

6.6.8 使用由"动词 + 介词 to"形式的动词短语时，to 后不能跟不定式，而必须跟名词或动名词。如：

I ***look forward to*** seeing you soon.

我盼望不久就能见到你。

We are all very excited and ***are looking forward to*** the Olympic Games because they have never been held before in this country.（II-37-p170-L9-11）

我们都非常激动，盼望着奥运会的到来，因为在这个国家里还从未举办过奥运会。

此类动词短语还有：get down to（开始着手干）、be used to（习惯于）、object to（反对）、be accustomed to（习惯于）、accustom (oneself) to（使自己习惯于）、devote oneself to（致力于）、be resigned to（听任）、face up to（勇敢地面对）、resign oneself to（听任，顺从）、resort to（诉诸）、stick to（坚持）等。

I ***object to*** being kept waiting.

我对要等待感到反感。

I'***m used to*** living in this noisy area.

我已经习惯于在这个嘈杂的地方居住了。

6.6.9 be used to 后跟不定式和动名词时，所表达的的意思是不一

样的。如：

Bamboo can ***be used to*** make walking sticks.

竹子可以用来制作拐杖。（表示"被用于做……"）

I'm ***used to*** getting up early in the morning.

我习惯早上早起。（表示"习惯于做……"）

第七章 动 词

7.1 概说

动词是构成句子的必备元素，充当句子的谓语部分。根据其不同的用途，动词又可分为及物动词、不及物动词；实义动词、情态动词、系动词、助动词；非谓语动词和谓语动词等。

7.1.1 及物动词与不及物动词

有些动词，如：afford，allow，blame，bring，contain，deny，enjoy，examine，excuse，fetch，fix，get，greet，hit，make，mean，need，omit，owe，question，rent，select 等，在使用的时候，其后必须跟宾语，称为及物动词；有些动词，如：faint，hesitate，lie，occur，happen，pause，rain，remain，sleep，sneeze 等，在使用的时候，后面不能跟宾语，称为不及物动词。

7.1.2 有些不表示动作而表示状态（如感受、状况等）的动词称为状态动词。如：

like（喜欢）、love（热爱）、think（认为）、understand（理解）、prefer（宁愿）、seem（好像）、belong（属于）、own（拥有）、appear（出现）等。

状态动词在使用的时候，一般不用于进行时态。如：

She ***loves / loved*** her baby more than anything else in the world.

在这个世界上她最爱的莫过于她的宝宝。（不能说 She ***is***

loving ...)

有些动词则表示有意识或无意识的动作或者变化着的状况，称为行为动词。如：

I'm ***making*** a dress.

我在缝制一件长裙。

7.1.3 动词在使用的时候应注意人称的一致性和时态的变化，详见第八章。

7.2 助动词

7.2.1 助动词一般包括 am / is / are / was / were, have / has / had, do / does / did, will / would, shall / should，它们的功能主要是帮助动词完成时态、语态的变化。

（will / would, shall / should 的用法参见 7.3 情态动词）

7.2.2 助动词 be 的用法

I ***am*** /He ***is*** /We ***are*** working.

我/他/我们正在工作。（助动词 am / is / are 与现在分词 working 构成现在进行时）

She will ***be*** arriving this evening and intends to stay for a few days.（II-60-p276-L4-5）

她将于今天傍晚到达，并准备住上几天。

I ***have been*** working for 8 hours.

我已经工作了 8 个小时。（助动词 have been 与现在分词 working 构成现在完成进行时）

The big apple ***was*** taken by that small boy.

这个大苹果被那个小男孩拿走了。（助动词 was 与过去分词 taken 构成被动语态）

During the war, many people ***were*** driven out of their homes. (II-21-p94-SD)

战争期间，许多人被赶出了家园。

7.2.3 助动词 have 的用法

I ***have*** eaten.

我吃过了。(助动词 have 与过去分词 eaten 构成现在完成时)

He ***has*** been eating.

他一直在吃。(助动词 has been 与现在分词 eating 构成现在完成进行时)

She must ***have*** been delayed.

她一定被耽搁了。(助动词 have been 与过去分词 delayed 构成现在完成时的被动语态)

have 还表示"拥有"以外的其他含义。如：

类型	例句
祈使句	***Have*** a cup of coffee! 喝杯咖啡吧！
一般现在时	I always ***have*** milk in my tea. 我喝茶总要加牛奶。
现在进行时	We ***are having*** a nice time. 我们正玩得开心。
一般过去时	We ***had*** a lovely holiday last summer. 去年夏天我们的度假真好玩。
过去进行时	I ***was having*** a bath when the phone rang. 我正在洗澡，突然电话铃响了。
现在完成时	John ***has*** just **had** an accident. 约翰刚刚出了事故。

类型	例句
现在完成进行时	The children ***have been having*** a lot of fun. 孩子们一直玩得很开心。
过去完成时	He went out to play basketball after he ***had finished*** his homework. 他做完功课以后出去打篮球了。
过去完成进行时	The film ***had been showing*** for 15 minutes when I got to the cinema. 我到电影院时，电影已经放映 15 分钟了。
一般将来时	I'***ll have*** my hair cut tomorrow. 我明天要去理发。
将来进行时	If anyone phones, I ***'ll be having*** a bath. 要是有人来电话，就说我在洗澡。
将来完成时	Tom ***will have had*** his exam by 18 December. 汤姆 12 月 18 号就已经考完试了。
将来完成进行时	She ***will have been having*** treatment for three months in the hospital by the end of this week. 到这个周末为止她在这家医院治疗就将满三个月了。
情态动词	You ***could have*** a cup of coffee if you like. 你想喝咖啡就来一杯。

7.2.5 助动词 do 用法

助动词 do 最主要的用法有两个，其一：与动词原形搭配构成一般现在时或一般过去时的疑问句和否定句；其二：用在实义动词前起强调作用。如：

Do you do your shopping once a week?

你一星期到商店买一次东西，是吗？（构成疑问句，前一个 do 是助动词，后一个 do 是实义动词）

He ***didn't*** know when to set off.

他不知道何时出发。（构成否定句）

The farmer ***did not*** drive the cattle into the field.

农夫没有把牛赶进田里。

The farmer ***did*** drive the cattle into the field.

农夫确实把牛赶进了田里。（表示强调）

Do write to me soon.

务请尽快写信给我。

I ***did*** turn the gas off.

我确实把煤气关掉了。

I ***do*** stay at home during the weekend. There is no place like home. (II-21-p94-SD)

周末我的确待在家里。没有什么地方像家那么好。

7.3 情态动词

7.3.1 概说

情态动词一般用于描述委婉、礼貌、客气、强令等特殊语气，达到表现说话人复杂心理及情感的目的。情态动词包括：can / could, may / might, will / would, shall / should, must, ought to (must 和 ought to 无过去式)。另外，need 和 dare 既可以作实义动词也可以作情态动词。

7.3.2 情态动词的主要功能

7.3.2.1 can / could 主要指“能力”(不需要再努力)。如:

I ***can*** lift 80 kilos.

我能举 80 公斤的重量。

I ***can*** type.

我会打字。

7.3.2.2 may 主要指“允诺”。如:

You ***may*** leave early.

你可以早走。

you ***may*** borrow my car if you like.

如果你愿意,可以借用我的汽车。

7.3.2.3 will 主要指“预告,将要”。如:

It ***will*** rain soon.

天快下雨了。

7.3.2.4 should / ought to 主要指“不可推卸的义务或责任”。如:

You ***should/ought to*** do as you're told.

你应该按照跟你说的去做。

7.3.2.5 must 主要表示“强令”或“不可推卸的责任”。如:

You ***must*** be quiet.

你必须安静。

You ***must*** wash the dishes. (II-25-p124-KS)

你必须洗碗。

You ***must*** sweep the floor. (II-25-p124-KS)

你必须擦地。

7.3.2.6 needn't 指“没有义务”,即可做可不做。如:

You ***needn't*** wait.

你不用等。

You ***needn't*** help me. I can do it myself.

你不需要帮我。我自己能行。

"You ***needn't*** have said that," my wife answered. "I ***needn't*** remind you of that terrible tie you bought yesterday." (II-41-p186-L9-10)

"你没必要这么说,"我妻子回答说,"我也不必提醒你昨天买的那条糟糕透了的领带。"

7.3.3 情态动词也叫情态助动词,它像助动词 be, do, have 一样可以直接在后面加 not 构成否定句或将其提到主语前面构成疑问句。如:

You ***mustn't*** move this table.

你不能移动这张桌子。(否定句)

You ***mustn't*** smoke in a theatre. It is forbidden. (II-41-p188-KS)

你不应该在剧场里抽烟,这是不允许的。

You ***mustn't*** make a noise. The children are asleep. (II-41-p188-KS)

你不应吵闹,孩子们都睡了。

—***May/Can*** I ask you some questions?

我可以问你一些问题吗? (疑问句)

—Yes, you may/can.

是的,可以。

Can't you see the picture?

难道你看不见这张画吗? (否定疑问句)

7.3.4 情态动词每次只能用一个。如:

We ***may*** call a doctor.

我们可以叫医生。

We ***must*** call a doctor.

我们必须叫医生。

If, in a word, beauty means something, yet we ***must not*** seek to interpret the meaning.（IV-24-p138-L14-15）

一句话，如果美有某种意义的话，我们千万不要去阐明它的意义。

7.3.5 如果需要同时表示两种意思，则要通过适当的解释。如：

It ***may*** be necessary（for us）to call a doctor.

去叫医生对于我们来说也许是必要的。（本句中使用了 may 和 necessary，同时表达了“也许”和“必要”两种意思）

7.3.6 情态动词的时态和语态

7.3.6.1 情态动词在形式上没有实义动词的各种变化，只有 could，would，had to，was to / were to，might 等几个过去式。其他如 must 或 ought to 等的过去式皆与现在式同形。如：

You ***needn't*** drive so quickly；we have plenty of time.（II-41-p188-KS）

你不必开得那么快，我们有足够的时间。

I ***can / may*** phone you now.

我可能/也许现在给你打电话。（情态动词 can / may + 动词原形 phone 构成现在时）

I ***can / may*** phone you tomorrow.

我可能/也许明天给你打电话。（情态动词 can / may + 动词原形构成将来时）

情态动词的现在时和将来时没有区别，它是通过自身的时间状语或上下文来说明的。如：

You ***must*** be working when the inspector comes in.

检查员进来时你必须在工作。

In the play，she ***must*** appear in a bright red dress and long black stockings.（II-17-p76-L4-5）

演出时她必须穿一条鲜红色的裙子和黑色的长筒袜。

She ***may*** be phoning her fiancé another day.

她可能改日给她的未婚夫打电话。(情态动词 may + be + 现在分词 phoning 构成进行时)

You ***mustn't*** be making noises when the children are asleep.

孩子们睡觉的时候你不应吵闹。

7.3.6.2 would, could, might, should 在形式上都可以说是 will, can, may, shall 的过去式，但与它们的用法和意义却无多大关系，一般来说情态动词的过去式往往可以表示更加委婉、客气等含义。当情态动词用于表示过去的状态或动作时，则是它们的过去时。如：

She says you ***can / will / may*** leave early.

她说你可以/会/可能早走。(现在时)

She said you ***could / would / might*** leave early.

她说你可以/会/可能早走。(过去时)

In the 14th century a peasant ***might*** have the right to graze pigs on common land.

在 14 世纪，农民可以有权在公共用地上放猪。

At that time, it ***could*** only get over the mountains if it rose to 10,000 feet. (II-43-p194-L6-7)

在那个时候，只有在飞至 10,000 英尺的高度时，它才能飞过这些山头。

I may ***see*** you tomorrow.

我明天也许能见你。

I ***might*** see you tomorrow.

我明天也许能见你。(might 并无过去时之意，它比 may 更婉转一些)

7.3.6.3 情态动词 should / ought to / could / must 后接动词的完成时态时，往往可以表示一些特殊含义。如：

The lights in her room were out 15 minutes before I came here, so she ***must*** have been out then.
她房间里的灯在我来到这儿 15 分钟前就灭了，所以当时她肯定不在屋里。(表示对过去了的情况的推测)

7.3.7 can / could 和 be able to 的区别

一般来说，can / could 和 be able to 没有多大区别，经常可以互换。但 can / could 侧重于表示"能力"，而 be able to 则强调"通过努力才能够……"。如：

He ***could / was able to*** swim five miles when he was a boy.
他小时候就能游 5 英里。(二者通用)

I ***couldn't / wasn't able to*** finish the job yesterday.
我昨天未能把工作完成。

Though, at first, Byrd and his men ***were able to*** take a great many photographs of the mountains that lay below, they soon ran into serious trouble. (II-43-p194-L3-5)
虽然开始时伯德和他的助手们拍下了飞机下面连绵群山的大量照片，但他们很快就陷入了困境。

I ***can*** operate a computer.
我能使用电脑。(can / could 表示不需要努力，已经有这个能力)

He ***can*** neither read nor write. (II-25-p124-KS)
他既不会读也不会写。

Although he got up very early yesterday morning, yet he ***wasn't able to*** catch the first bus.
虽然昨天早晨他起得很早，但还是没能赶上首班车。

Nearly a week passed before the girl ***was able to*** explain what had happened to her. (II-33-p154-L1-2)
几乎过了一个星期，那姑娘才能讲述自己的遭遇。(be able

to 强调“经过努力，做到或未能做到”）

7.3.8 can / could，may / might 用于表示“请求别人允许或答复”的情况

7.3.8.1 can，may，could，和 might 通常都可以表示“请求别人允许”的意思。其基本形式如下：

Can/Could/May/Might I borrow your umbrella (please)?

我可以借用您的雨伞吗？

7.3.8.2 但在使用的时候应注意以下几点区别：

(1) can 最常用，但也最不正式。如：

Can I borrow your umbrella?

我能借用您的雨伞吗？

(2) could 比 can 更为犹豫和客气，通常用在不能确定请求能否得到同意的时候。如：

Could I borrow your umbrella?

（请问）我可以借用您的雨伞吗？

I cannot read. ***Could*** you help me read this letter?

我不会阅读，你能帮我看看这封信吗？

(3) may 比 can 和 could 更正式，而且更客气和恭敬。如：

May I borrow your umbrella?

（请问）我可以借用您的雨伞吗？

(4) might 显得最犹豫，也最客气而恭敬。如：

Might I borrow your umbrella?

（请问）我是否可以借用您的雨伞？（其中 could 和 might 并不表示过去的意思，只是语气不同）

7.3.9 用情态动词表示推测

7.3.9.1 在对所发生的事情进行描述的时候，一般有肯定、可能和推测三种情况。

(1) 如果说话人对所描述事实确信无疑，就可以用 be 或

任意的实义动词直接描述。如：

Jane ***is*** at home.

简在家里。(表示确定的事实)

He ***leaves*** at 9:00 p.m.

他晚上 9 点钟走。

(2) 如果说话人指的是可能发生的事，就可以用“may / might / could + 动词原形”结构表示。如：

Jane ***may/might*** be at home.

简可能/也许在家。

(3) 可以将上文这种可能性与有根据的推论区别开来。“must + 动词原形”一般表示有根据而且是近乎肯定的推测；must 一般用于肯定句，否定句和疑问句则通常用“can / can't + 动词”。在表示有根据但不太肯定的情况时则常常用“may / might + 动词的原形或完成时”表示。如：

Jane's light is on. She ***must*** be at home.

简的灯亮着。她肯定在家。(根据充分的肯定推测)

She ***can't*** be out.

她肯定没出去。(有根据的否定推测)

She ***must*** be at least thirty-five years old. In spite of this, she often appears on the stage as a young girl. (II-17-p76-L1-2)

她至少也有 35 岁了。尽管如此，她却常在舞台上扮演小姑娘。

He is very busy. He ***might/may*** be working today.

他平时很忙。他今天也许在工作。(He is very busy. 是根据，但不太充分)

He ***may/might*** have left yesterday.

他可能是昨天走的。(对过去情况的推测)

7.3.9.2 在表示推测时，其附加问句是通过情态动词后的动词形式来处理句尾的附加问句。并且，因为“情态动词+动词的完成时”表示对过去事实的推测，所以，有明确的时间状语时，附加问句部分动词一般应用过去时的助动词；如果没有明确的时间状语，则可以采取 have / has 或 did 两种形式中的任意一种。如：

I saw Jones in the park yesterday.（根据）She ***can't have been*** in the cinema then.（推测）

我昨天在公园里见到了琼斯。她当时肯定没在影院。

该句的附加问句应为：

She can't have been in the cinema then, ***was*** she?

有明确的时间状语 then 及上文中的 yesterday，这种情况一般要用过去式。假如没有时间状语的话，使用 have / has 或 did / was / were 皆可。

请比较：

She ***might have left***.（无时间状语）

她也许已经离开了。

She ***might have left the day before yesterday***.（有时间状语）

她也许在前天就已经离开了。

前者的附加问句应该是：

She might have left, ***hasn't/didn't*** she?

后者的附加问句应该是：

She might have left the day before yesterday, ***didn't*** she?

7.3.10 must, have to 和 have got to

7.3.10.1 这三种情况就其表示的意义而言，一般可以互换，但也有区别。用于第一人称时，must 通常强调主观因素，或内在的因素；而 have to, have got to 则常常强调客观因素或外在因素。请比较：

We ***have to/have got to*** send these VAT forms back before the end of the month.

月底前我们必须把增值税表送回。(即法律要求我们必须这样做，并不一定是我们内心愿意做的事情)

Do you ***have to*** leave now? (II-17-p77-KS)

你现在必须走了吗?

We really ***must*** do something about the weeds in this garden.

我们确实必须除去花园里的杂草了。(这只是我们主观想要做的，如果不做也不必向谁说明什么)

Last year in another play, she ***had to*** wear short socks and a bright, orange-coloured dress. (II-17-p76-L5-6)

去年在演另一个剧时，她不得不穿短袜和一件鲜艳的橘红色的裙子。

7.3.10.2 用于其他人称时 must 表示不可推卸的责任，其迫切性往往要比 have to / have got to 还强。如：

You ***must*** phone home at once. It's urgent.

你必须立刻给家里打电话。事情非常紧急。

Cyclists ***must*** dismount.

骑车人必须下车。

We ***have to*** leave early tomorrow. (II-17-p77-KS)

我们明天得早走。

I often ***have to*** get up at 5:00.

我经常5点钟就得起床。(也许我根本就不愿意那么早起床)

7.3.11 may 在套语中可表示"祝愿"或"非常希望"，may 通常用在句首。如：

May God be with you!

愿上帝保佑你!

May you be happy!

祝你幸福!

May you live to be a hundred!

祝你长寿!

May there never be a nuclear war!

但愿永远不要发生核战争!

7.3.12 作情态动词的 need 和 dare

7.3.12.1 need 和 dare 可以作情态动词也可以作实义动词。如:

Need you leave so soon?

你有必要这么早就走吗?(情态动词)

—***Dare*** you do it?

你敢做这件事吗?

—I daren't do it.

我不敢。(情态动词)

—Do you ***dare*** to tell her?

你敢告诉她吗?

—I don't ***dare*** to tell her.

我不敢告诉她。(实义动词)

You ***need*** to clean the bedroom.

你需要打扫一下卧室。(实义动词)

I ***need*** to see the dentist.

我需要去看牙医。(实义动词)

Need I go to see the dentist?

我需要去看牙医吗?(情态动词)

I ***needn't*** remind you of that terrible tie you bought yesterday. (II-41-p186-L9-10)

我不必提醒你昨天买的那条糟糕透了的领带。(情态动词)

Why did you ***need*** to see the dentist?

你为什么要去看牙医？（实义动词）

You ***needn't*** drive so quickly, we have plenty of time. (II-41-p188-KS)

你不必开得那么快，我们有足够的时间。（情态动词）

7.3.12.2 dare 可表示“气愤”的强烈语气。如：

How ***dare*** you!

你怎么敢这样！

How ***dare*** she suggest such a thing!

她怎么敢提出这样的事情！

How ***dare*** you drive so quickly on the street!

在大街上你怎么敢开得那么快！

7.3.13 would 和 used to

7.3.13.1 情态动词 would 和 used to 可以表示“习惯”或“过去常常”。如：

When we were students we ***would*** often stay up all night.

我们当学生时经常通宵不睡。

Jane ***used to*** make her own dresses.

简过去常常自己做衣服。

7.3.13.2 used to 强调“过去常常……而现在已经不……了”。如：

I ***used to*** smoke, but I don't smoke any more.

我过去常吸烟，但现在已经不吸了。

I ***used to*** collect stamps when I was a boy. (II-31-p147-KS)

当我还是个小男孩时，我常搜集邮票。

I never ***used to*** eat a large breakfast, but I do now.

我过去早饭吃得不多，可现在我吃得很多。

I ***used to*** go to work by bus. Now I go by car. (II-31-p147-KS)

我过去常乘公共汽车上班，现在开小车去。

7.3.13.3 used to be / have 可以描述过去的状态，如：

He ***used to be*** a postman a long time ago. He's a taxidriver now. (II-31-p147-KS)

很久以前他曾是个邮递员，现在他是个出租车司机。

I ***used to have*** a beard, but I've shaved it off.

我过去留胡子，但我已把它给剃了。

7.4 非谓语动词

7.4.1 概说

非谓语动词包括不定式、现在分词、过去分词和动名词。非谓语动词在句子中，一般相当于形容词、副词或名词的作用，虽然仍有动作概念但不能直接充当谓语。请比较：

She ***asked*** whether she ***should*** speak to him in person.

她问她是否应亲自对他说。(asked 和 should 均为谓语动词，分别作主句和宾语从句的谓语)

He always ***took*** an umbrella wherever he ***went***.

过去他不论走到哪儿，总要拿着一把伞。(took 和 went 为谓语动词)

He ***wanted*** to ***find*** out the secret.

他想查明真相。(wanted 为谓语动词，作该句的谓语；to find 为不定式，为非谓语动词，作 wanted 的宾语)

It's useless ***waiting*** here.

在这儿等也没用。(waiting 为动名词，作真正的主语)

Eating is always a pleasure. (II-44-p199-KS)

吃总是一种享受。

Judging from her accent, I think she's from Los Angeles.

从她的口音判断，我想她是从洛杉矶来的。(judging 为现在分词，作状语)

Moved by the story, all the girls ***were bathed*** in tears.

所有的姑娘们都被故事感动得泪流满面。(其中 moved 为过去分词，充当原因状语；were bathed 为谓语动词)

Not wanting to frighten the poor man, Mrs. Richards quickly hid in the small storeroom under the stairs. (III-13-p62-L11-12)

理查兹夫人不想吓唬这个可怜的人，便赶紧躲到了楼梯下的小储藏室里。(not wanting 为现在分词的否定形式，作状语)

Finding the door unlocked, I went into the kitchen. (II-49-p234-KS)

发现门打开了，我走进了厨房。

The girls ***were walking*** along the country road, ***singing*** and ***dancing***.

姑娘们走在乡间道路上，又唱又跳。(其中 were walking 为谓语动词，作谓语；singing and dancing 为并列现在分词短语，作伴随状语)

7.4.2 不定式

7.4.2.1 不定式是非谓语动词中比较常用的一种。它通常由“to+动词原形”构成，如：to ask, to wait, to swim, to do 等。有些情况下 to 可以省略。动词不定式的用法也相当多，它既可以像名词那样在句子中充当主语、宾语或表语，也可以像形容词那样充当定语，还可以像副词那样作状语，主要作目的状语和结果状语。如：

It's easy ***to say***.

说得容易。(不定式作真正的主语)

It is disturbing ***to think*** that a dangerous wild animal is still at large in the quiet countryside.（III-1-p14-L17）

想到在宁静的乡村里有一头危险的野兽继续逍遥流窜，真令人担心。

I'm waiting here ***to see*** the sunrise.

我等在这儿，为的是看日出。(不定式作目的状语)

To get a full appreciation of what this means we must turn first to some recent human inventions.（IV-7-p41-L3）

要透彻理解这句话的意义，我们应先回顾一下人类最近的几项发明。

However, they have decided ***to use*** the post office.（II-22-p96-L6-7）

然而她们还是决定利用邮局。(不定式作宾语)

He seems ***to be fond of*** playing the guitar.

他似乎喜欢弹奏吉他。(不定式作表语)

I have a lot of things ***to deal with*** today.

今天我有许多事情要处理。(不定式作定语)

The only way ***to find out*** the disease was to operate.（II-77-p358-L5-6）

搞清这种病的唯一办法就是手术。

He hurried to the station only ***to find*** that the train had left.

他匆忙赶到车站，却发现火车已经开走了。(不定式作结果状语)

7.4.2.2 在有些情况下不定式小品词 to 是可以省略的。当不定式作 let, have 和 make (这些词都当"让"讲)的补语时，不定式小品词 to 可以省略。如：

Let's (= Let us) ***take*** a taxi.

让我们坐出租车吧。

The landlord ***makes*** the peasants ***work*** ten hours a day.

地主让农民每天干10个小时的活。

Don't ***let/have*** the children ***annoy*** you.

别让孩子们打搅你。

I want to ***have*** him ***paint*** the kitchen.

我想让他粉刷厨房。

Please ***let*** us ***have*** more time.

请多给我们一点儿时间。

Miss Prouty ***made*** the boys ***stay*** in after school.

放学后普劳蒂小姐让(迫使)男孩子们留在学校。

Have the next patient ***come*** in, please, nurse.

护士,请让下一位患者进来。

(1) 但是当这些词用于被动语态时,不定式的小品词 to 则不能省略。如:

The peasants ***were made to work*** ten hours a day.

农民被迫每天工作10个小时。

The French war prisoners ***were made to bow*** before Hitler.

法军战俘被迫在希特勒面前鞠躬。

When he was eating, he ***was made to lend*** her twenty pounds.

当他吃饭的时候,她要求他借给她20英镑。

(2) help 和 know 之后作补语的不定式小品词 to 可以省略亦可不省,而有时作其宾语的不定式小品词 to 也可以省略亦可不省。如:

Mother ***helped*** me (***to***) ***do*** my homework.

妈妈帮助我做家庭作业。[(to) do 作 me 的补语]

I've never ***known*** her (***to***) ***be*** late before.

我以前从不知道她迟到过。[(to) be 作 her 的补语]

Everyone in the village ***helped*** (***to***) ***build*** the new Youth Centre.

村子里的每一个人都曾在建造新的青年中心时出过力。[(to) build 作 helped 的宾语]

(3) 被动的 help 和 help 所带的被动的不定式的区别：

和 let, have, make 一样，当 help 为被动式时，其后的不定式小品词 to 必须有，但当 help 之后的动词是被动形式时，则不受此影响。请比较：

Jane ***was helped to overcome*** her fear of flying.

在别人的帮助下，简克服了飞行恐惧。

I'm sure this treatment will ***help*** her (***to***) ***be cured***.

我相信这种治疗将有助于她痊愈。

(4) 并列不定式可以由 and, or, but, except 等连接。如：

Which do you prefer, ***to win*** a million US dollars ***or*** (***to***) ***have*** a brain like Einstein's?

你喜欢哪一样：赢得一百万美元，还是有一个像爱因斯坦一样的头脑？

(5) 在并列不定式中，第二个 to 常可以省略，而只使用其纯并列部分。如：

I'd like ***to be flying*** over the Alps ***and*** (***to be***) ***looking down*** at the mountains.

我喜欢飞越阿尔卑斯山并俯瞰那些山峦。

I'd like ***to lie down and go to sleep***.

我想躺下睡觉。

(6) 叙述一系列动作时则多用不带 to 的不定式，或者叫"省略不定式的符号 to"。如：

The crowd watched the firemen ***climb*** the ladder, ***break*** a window on the first floor, and ***enter*** the building.

人们看到消防队员爬上梯子，打碎二楼的窗户，进入楼房。

7.4.2.3 “动词+宾语”作宾语补足语

feel（感觉）、hear（听见）、listen to（听）、look at（看）、notice（注意）、observe（观察）、perceive（觉察）、see（看见）、smell（嗅）、watch（观看）等动词后经常跟不带 to 的不定式或现在分词作补语。如：

I ***watched*** a pavement-artist ***draw*** a portrait in crayons.

我看到一位马路画家用彩色粉笔画了一幅肖像画。（强调看到了从开始到动作结束的全过程）

People can stand on the platform and ***watch*** the workers ***building*** in progress.

人们可以站在这个平台上看到工人们正在建造房屋。（强调动作是进行着的）

We could ***hear*** them ***shouting*** in the distance.

我们能听到他们在远处喊叫。

(1) 这些词后接不带 to 的不定式时，一般表示动作的全过程，其后的补语动作往往是一些短暂性动词；而当其后跟的是动词的现在分词形式时，则通常强调动作正在进行中，尚未结束。如：

I ***heard*** the girls ***sing*** a Japanese song in the next room.

我听到姑娘们在隔壁唱了一首日文歌曲。（强调从头到尾的过程）

I ***noticed*** the child ***fall*** into the river.

我注意到那个孩子掉进了河里。（这时通常不能用 falling into，因为 fall into 为非延续性动词，只能说明其过程）

I ***hear*** the girls ***singing*** in the next room.

我听见姑娘们正在隔壁唱歌。(强调听和唱的同时性)

He was constantly on the move, ***drawing*** the Danes after him. (IV-9-p53-L14-15)

他的部队不停地移动，牵着丹麦人的鼻子，让他们跟着他跑。

(2) 大部分情况下，二者是通用的。如：

I ***heard*** someone ***unlock/unlocking*** the door.

我听到有人开门/在开门。

(3) 使用短暂动词的现在分词时，一般强调动作的反复性。如：

I ***heard*** him ***cough***.

我听到他咳嗽。(一次地)

I ***heard*** him ***coughing***.

我听到他正在咳嗽。(反复地)

(4) 感官动词后也可用现在分词的被动形式。如：

I ***saw*** him ***being taken away*** by the police.

我看到他正被警察带走。(当然，这种情况也可以直接使用过去分词形式。如：I saw him taken away by the police.)

(5) "have + 宾语 + 动词的现在分词"可以表示"预期的目标"或"承诺"。如：

I'll ***have you speaking*** English in six months.

我将使你在六个月内学会说英语。(该句可以理解为说话人的一种承诺或预期目标)

(6) 这种句型使用否定式时，通常可表示"不愿引起的后果"或"不可容忍"之意。如：

I can't ***have the neighbours complaining***!

我不能让邻居们抱怨！(不愿)

I ***won't/can't have you speaking*** like that about your father.

我可不能让你那样说你的父亲。(不可容忍)

7.4.2.4 带 to 的不定式

(1) 不定式的一般用法是作句子的目的状语，而且经常用 in order to 或 so as to 等词组来表示目的。如：

I went to live in France ***to/in order to/so as to learn*** French.

我去法国居住，以便学习法语。

She was sent to England ***to/in order to/so as to be educated***.

她被送到英国去接受教育。

(2) 用 not to 可以表示取舍。如：

I went to France ***not to study*** French, but to study architecture.

我去法国不是为了学习法语，而是为了学习建筑。

(3) so as not to 和 in order not to 可以用来表示反面的目的。如：

She shut the door quietly, ***so as not to wake*** the baby.

为了不惊醒宝宝，她轻轻地关上门。

(4) 句子的主语和不定式的逻辑主语(即发出不定式动词动作的主语)不相同时，可以用“for sb. + 不定式”。如：

I bought a second car (***in order***) ***for my son to learn*** driving.

我又买了一辆车以便让我的儿子学习驾驶。

(5) only to 常常描述连续的事件或出乎预料的概念，作结果状语。如：

We came home after our holiday ***only to find*** our garden neat and tidy.

我们度假归来发现我们的花园干净、整齐。

He returned after the war, (***only***) ***to be told*** that his wife had left him.

他战后回来，只听说他妻子已经离他而去。

(6) 分裂不定式

分裂不定式是指在不定式符号to和动词之间放一个副词，如completely（完全地）、fully（全部地）、truly（真正地）等，表示强调或突出该副词的含义。如：

I want you ***to clearly understand*** what I'm telling you.

我希望你能清楚地理解我告诉你的事。

It's difficult ***to really understand*** the theory of relativity.

真正理解相对论的确是不容易的。

(7) 不定式to后的动词的省略

为了避免重复，在有上文的时候，to后面的动词经常省略。如：

You don't have to eat it if you don't ***want to***.

如果你不想吃，你就不必吃了。

—Would you like to come to the party?

你愿意参加聚会吗？

—I'***d love to***.

我愿意。

—Don't spill any of that paint, will you?

别把油漆洒出来好吗？

—I'll ***try not to***.

我将尽力不洒。

(8) 一些带 to 的固定短语

有些固定短语可以由带 to 的不定式引导。如：

to be honest（老实说）、to begin with（首先）、to cut a long story short（长话短说；简而言之）、to get back to the point（回到主题）、not to make too much of it（别小题大做）、to tell you the truth（跟你说实话吧）、to put it another way（换句话说）等。

(9) 动词 + 名词/代词（宾语）+ 带 to 的不定式

有些动词同带 to 的不定式一起使用时，其后必须有一个名词或代词，形成复合宾语结构。如：

advise（建议）、allow（允许）、assist（协助）、bribe（贿赂）、caution（告诫）、challenge/dare/defy（挑战）、charge（责令）、command/order（命令）、drive（强迫）、condemn（谴责）、direct（指引）、enable（使能够）、encourage（鼓励）、entitle（使有权利）、forbid（禁止）、force（逼迫）、impel（推动）、implore（恳求）、incite（激励）、induce（诱使）、instruct（指示）、invite（邀请）、oblige（迫使）、permit（允许）、persuade（劝说）、press（催促）、recommend（推荐）、remind（提醒）、request（要求）、tempt（引诱）、teach（教）、tell（告诉）、warn（警告）等。

I ***advise you to leave***.

我劝你离开。

(10) 不定式也可用于被动语态中，作主语补足语。如：

You ***were advised to leave***.

你被劝离开。

(11) 疑问词 + 不定式

疑问词 + 不定式，在句子中相当于一个名词，经常作主语、宾语或表语。如：

I don't know ***what / which / who(m) to choose***.

我不知道选择什么/哪一个/谁。

I wonder ***how / when / where to get in touch with*** them.

我不知道如何/何时/在何地同他们联系。

(12) 动词+宾语+疑问词+带to的不定式或从句。如：

Please ***show me how to start*** the engine.

请给我示范一下怎样启动发动机。(接不定式)

You haven't ***told me whether to sign*** the form.

你没有告诉我是否应在这张表上签字。

The union leader ***told the workers when to go back*** to work.

工会领导人告诉工人们什么时候回去工作。(接不定式)

The union leader ***told the men when they should go back to work***.

工会领导人告诉工人们应该什么时候回去工作。(接从句)

7.4.2.5 It + is / was + 形容词 + of + 名词/代词 + 带to的不定式

it作为形式主语的用法比作人称主语的用法更为常见。如：

It's very kind of her to help us.

她真好，帮助了我们。

It was most selfish of him not to contribute anything.

他不捐献任何东西，太自私了。

(1) 在这个结构中，有时形容词之后的介词of也可用for。使用of时，该形容词所表示的意思往往指介词of之后的名词或代词表示的意思，具有所属关系；当没有所属关系时则应使用介词for。请比较：

It was silly ***of*** us to believe him.

我们相信了他，真愚蠢。(有所属关系，用 of，也可以说：We were silly to believe him.)

It is important ***for*** you to learn a foreign languange.

对于你来说，学习外语是重要的。(无所属关系，用 for，不能说：You are important to learn a foreign language. 应该说：For you, to learn a foreign language is important.)

(2) 然而，有些形容词如：afraid, anxious, ashamed, careful / careless, curious, determined, due, free, frightened, quick, keen, ready, reluctant, slow, sorry 等却经常直接使用人称代词作主语，而不使用上述结构。如：

He ***is*** always ***ready to take*** a lot of trouble.

他总是准备费许多功夫。

She ***is determined not to offend*** her mother-in-law.

她决心不去冒犯她的婆婆。

(3) 有限的几个形容词，如：anxious, determined, eager, keen 也可用在"of / for + 名词/代词 + 带 to 的不定式"的结构当中。如：

She***'s anxious for her daughter to win*** the competition.

她盼望着女儿赢得比赛。

(4) 在一些情况下，"be + 形容词 + 带 to 的不定式"可与无生命的主语连用。如：

My car ***is reluctant to start*** in cold weather.

我的汽车在冷天难以启动。

Our boiler ***is slow to get*** going in the mornings.

我们的锅炉早上启动得慢。

7.4.3 动词的 ing 形式

7.4.3.1 概说

动名词和现在分词皆由“动词 + ing”构成，但是这两种词的用法却大不一样，动名词具有名词的性质，因此在句子中经常充当主语、宾语或表语；而现在分词具有形容词或副词的性质，因此在句子中充当定语、状语或补语。请比较：

Seeing is ***believing***.

眼见为实。（seeing 和 believing 均为动名词，前者作主语，后者作表语）

I like ***swimming***, while Jack likes ***flying***.

我喜欢游泳，而杰克喜欢飞行。（swimming 和 flying 为动名词，在句子中作宾语）

She is afraid of ***staying*** in that house alone. （II-20-p89-KS）

她害怕单独住在那间屋子里。（staying 为动名词，在句中作介词的宾语）

This is a ***running*** stream.

这是一条奔流的小河。（running 为现在分词，充当 stream 的定语）

Walking in the park the other day, I saw a bird ***building*** a nest.

几天前我在公园散步时，看见一只鸟在筑巢。（句中 walking 和 building 均为现在分词，前者作伴随状语，修饰谓语动词 saw；后者作宾语补足语，修饰 bird）

7.4.3.2 动名词和现在分词虽然同形，但其作用是完全不一样的，动名词因为具有名词性质，因此常常可以作主语或宾语。而且，由于它是从动词变化而来，所以也可以在后面跟上自己的宾语。如：

Washing the car seems to be his main hobby.

擦洗车似乎是他主要的爱好。(washing 为动名词，充当句子的主语，但因为它仍具有动词的某些特点，因此 the car 作了 washing 的宾语)

Watching television is my favourite pastime. (II-20-p89-KS)

看电视是我最喜爱的业余爱好。

(1) 动名词也可以有自己的修饰成分，比如定语。如：

The ***sinking of the Titanic*** has never been forgotten.

"泰坦尼克"号的沉没从未被遗忘。(其中 of the Titanic 作动名词 sinking 的定语)

Reading in bed is something I always enjoy. (II-20-p89-KS)

我总喜欢躺在床上看书。

(2) 动名词也可以有自身的状语。如：

Walking quickly on the muddy road is difficult.

在泥泞的路上快走是很难的。(walking 为动名词，作主语；quickly 是它的方式状语)

She is afraid of ***staying in that house alone***. (II-20-p89-KS)

她害怕单独住在那间屋子里。

(3) 根据需要，动名词也可有时态和语态的变化。如：

I'm sorry for ***having wasted*** your time.

我很抱歉浪费了你的时间。(完成时，强调其动作发生在谓语动作之前)

He can't forgive himself for ***having been taken*** by surprise.

他不能原谅自己被打了个措手不及。(完成时的被动式)

Being lost can be a terrifying experience.

迷路会是一件很可怕的事情。

Not being tall is not a serious disadvantage in life.

个子不高在生活中并不是一个严重的不利条件。

(4) 动名词也可作介词宾语。如：

This is a tool used ***for cutting*** hedges.

这是一样用来整修篱笆的工具。

He is capable ***of doing*** anything. (II-20-p89-KS)

他能胜任任何事情。

After changing some money, I went sightseeing.

我换了钱后就去游览。

(5) 动名词可以用在形容词或物主代词之后。如：

Slow cooking makes tough meat tender.

用慢火可以将老得咬不动的肉煮嫩。

Your denying everything will get you nowhere.

你否认一切将使自己毫无进展。

Jenny's not coming made us unhappy.

珍妮的缺席让我们感到不愉快。

(6) 只能接动名词作宾语的动词有：

admit (承认)、appreciate (欣赏)、avoid (避免)、celebrate (庆祝)、consider (考虑)、contemplate (注视)、defer (推迟)、delay (耽搁)、deny (否认)、detest (痛恨)、discontinue (停止)、dislike (不喜欢)、dispute (不同意)、enjoy (喜爱)、escape (逃脱)、excuse (原谅)、explain (解释)、finish (完成)、forgive (原谅)、hinder (阻碍)、imagine (想象)、keep (保持)、loathe (厌恶)、mind (介意)、mean (意味着)、mention (提及)、miss (错过)、pardon (饶恕)、postpone (推迟)、practise (练习)、prevent

（阻止）、recall（召回）、regret（后悔）、report（报告）、resent（怨恨）、resist（抵制）、risk（冒险）、suggest（建议）、understand（理解）等。

I don't ***fancy going*** for a walk in the rain.

我可不爱在雨中散步。

Susan ***denies/regrets saying*** anything.

苏珊否认/后悔说过什么。

(7) need, want, require 和 demand 之后的动名词。有用主动形式表示被动的含义。如：

The front gate ***needs/wants/requires mending***.

前门需要修理。

Your clothes ***want washing***.

你的衣服该洗了。

My shirt is torn. It ***needs mending***.（II-44-p200-KS）

我的衬衫撕破了，需要缝补。

Those windows are dirty. They ***want washing***.（II-44-p200-KS）

那些窗户很脏，需要洗刷。

(8) 有些情况下，不定式和动名词作动词的宾语时，意义是基本相同的。如：

I ***can't bear to see/seeing*** people suffering.

我不忍看人受折磨。

I ***can't bear you/your shouting*** in that way.

I ***can't bear you to shout*** in that way.

我不能容忍你那样喊叫。

(9) 但有些动词，如：stop, mean, remember, forget, regret, try 等，后接动名词和不定式时的意思或作用却完全不一样。如：

Remember to post the letter. (= ***Don't forget to post***

the letter.)

记着要去寄信。(remember to do 表示将来的含义)

I ***remembered posting*** the letters. (= I posted the letters and I remembered the action.)

我记得已经把信寄了。(remember doing 表示完成的含义)

Don't ***forget to lock*** the door.

不要忘记锁门。(forget to do 表示"忘记去做未来的动作")

I ***forgot locking*** the door.

我忘了锁门这件事了。(forget doing 表示"忘记了所做的事情",也就是说已经锁上门了,只是把这件事给忘了)

You really should ***try to overcome*** your shyness.

你确实应该努力克服你的腼腆。(try to do 表示"努力去做")

If no one answers, ***try knocking*** the back door.

如果没有人回应,可以试试敲后门。(try doing 表示"试试做")

On the way to the station I ***stopped to buy*** a paper.

在去车站的路上我停下来买了一张报纸。(stop to do 表示停下当前的事,去做别的事情)

Stop smoking!

别吸烟了!(stop doing 表示停下当前正在做的事。若用 stop to smoke 则表示"把手头儿的活先放放,去吸烟吧")

7.4.4 过去分词

7.4.4.1 过去分词和现在分词一样,具有形容词或副词的功能,在句子中一般充当状语、定语、表语或补语。如：

Seen from the plane, the villas look like some toy boxes.

从飞机上往下看，那些别墅就像是一些玩具盒子。(方式状语)

Pay attention to the ***broken*** glasses.

当心碎玻璃。(定语)

While the ***battered*** car was moving away, Roy stopped his bus and telephoned the police. (II-35-p162-L9)

当那辆被撞坏的车开走后，罗伊停下车，给警察挂了电话。

Astonished by the strange sound, all the girls hid themselves under the bed.

由于受到了那种奇怪声音的惊吓，所有的姑娘们都躲到了床下。(原因状语)

Destroyed during the war, the city has now been completely rebuilt. (II-49-p234-KS)

在战争中被毁后，这座城市现在已彻底重建了。(时间状语)

The old view of Galileo was delightfully ***uncomplicated*** .(IV-32-p188-L5)

令人高兴的是，过去对伽利略的看法并不复杂。(作表语)

7.4.4.2 现在分词和过去分词的区别

一般来说，现在分词表示与其被修饰词之间是“主动”的关系，同时强调其动作是“正在发生的”；而过去分词则截然相反，它一般表示与其被修饰词之间是“被动”的关系，且强调动作为“已经完成了的”。请比较：

She was sitting in an armchair, ***telling*** stories.

她正坐在一个扶手椅上讲故事。(本句中 telling 为现在

分词作 was sitting 的伴随状语，强调动作“正在发生或同时发生”，且与其逻辑主语 she 之间是主动关系）

Sam Benton, the local butcher, had lost his wallet while ***taking*** his savings to the post office.（II-45-p202-L2-3）

当地的屠户萨姆·本顿在把存款送到邮局的途中把钱包丢了。

Guided by the local farmer, we succeeded in climbing the mountain.

在当地农民的带领下，我们成功地爬上了那座山。（本句中 guided 为过去分词，充当状语，与其逻辑主语 we 之间形成被动关系）

Led by the waitress of the hotel, I entered my room.

在宾馆小姐的引路下，我进了自己的房间。（本句中 led 为过去分词，用法同上）

Dressed up as Father Christmas and ***accompanied*** by a "guard of honour" of six pretty girls, he set off down the main street of the city, riding a baby elephant called Jumbo.（II-65-p296-L2-5）

他打扮成圣诞老人，在由六个漂亮的姑娘组成的“仪仗队”的陪同下，骑上一头名叫江伯的小象，沿着城里的主要街道出发了。

7.4.5 独立主格结构

独立主格结构是由“名词/代词（逻辑主语部分）+逻辑谓语部分”组成的，其逻辑谓语部分可以是现在分词、过去分词、不定式或介词短语。独立主格结构一般用于逻辑主语与句子的真正主语不同的句子中。请比较：

Seeing the red traffic lights turning on, ***the driver*** stopped his car.

看到红色交通灯亮着，司机停下了车。

The red traffic lights turning on*, *the driver stopped his car.

红色交通灯亮着，司机停下了车。

(以上两个例句中，第一句中 seeing 为现在分词，作伴随状语，其逻辑主语为句子的主语 the driver。第二句中的句子主语为 the driver，而现在分词 turning on 的逻辑主语却是 the traffic lights，构成独立主格结构)

The teacher came into the classroom，***a book in* (*the*) *arm***.

老师进了教室，腋下夹着一本书。(独立主格结构)

第八章 时 态

8.1 概说

8.1.1 在英语中，动词时态的用法是尤其复杂和富于变化的。经常通过动词词尾、助动词等的变化来表明动作发生时间的先后顺序，即时态。总的来说，英语中动词时态分为三个基本类型：现在、过去和将来。动词时态的变化常常伴随着相应的表示时间或频度的状语。如：

He ***often goes*** to the Great Wall.

他经常去长城。

He ***went*** to the Great Wall ***yesterday***.

他昨天去了长城。

He ***will*** go to the Great Wall ***tomorrow***.

他明天将去长城。

8.1.2 判断谓语动词的时态，除了借助于时间或频度副词之外，通常还要考虑句子的上下文，利用各个动作的时间先后或因果关系来确定动词的时态。如：

He ***tells*** me he ***plays*** table tennis well.

他告诉我说他乒乓球打得很好。(他现在打得好)

He ***told*** me he ***played*** table tennis well.

他告诉我说他乒乓球打得很好。(他过去打得好)

He ***told*** me he ***plays*** table tennis well.

他告诉我说他乒乓球打得很好。(他现在仍然打得好)

8.2 一般现在时

8.2.1 一般现在时可用于陈述现在时间内发生或存在的事件、动作或情况。这些事件、动作或情况也可能会无限期地延续下去。一般来说，一般现在时可以用于以下几种情况：

8.2.1.1 一般现在时可以陈述永恒的真理。如：

Summer ***follows*** spring.

春去夏来。

Gases ***expand*** when heated.

气体受热膨胀。

The earth ***goes*** around the sun.

地球围着太阳转。

8.2.1.2 一般现在时可用于现阶段内发生的情况。如：

My father ***works*** in a school.

我父亲在学校工作。

My sister ***wears*** glasses.

我妹妹戴眼镜。

Now the snag in this sort of anecdote ***is*** of course that one cannot distinguish cause and effect. (IV-25-p149-L10-11)

这类奇闻的疑难之处是无法区别因果关系。

The Great St. Bernard Pass ***connects*** Switzerland to Italy. (III-8-p42-L1)

圣伯纳德大山口连接着瑞士与意大利。

No two sorts of birds ***practise*** quite the same sort of flight. (IV-23-p132-L1)

没有任何两种鸟的飞行方式是相同的。

8.2.1.3 表示习惯性动作，通常表示不断重复的动作，时间状语可带可不带。如：

I ***get*** up at 7:00 a.m.

我早上7点起床。(即天天如此)

John ***smokes*** a lot.

约翰抽烟抽得很多。

8.2.1.4 当谈论的是关于时间表、节目单或日程表上所安排好的事情的时候，通常用现在时表示将来的意义。如：

The exhibition ***opens*** on January 1st and ***closes*** on January 31st.

展览会定于1月1日开幕，1月31日闭幕。

The concert ***begins*** at 7:30 and ***ends*** at 9:30.

音乐会定于7时30分开始，9时30分结束。

We ***leave*** tomorrow at 11:15 and ***arrive*** at 17:50.

我们明天11时15分动身，17时50分到达。

8.2.2 一般现在时中，当主语为第三人称单数时，其谓语动词后面要加-s，变化方法如下：

(1) 多数动词一般在词尾直接加-s。如：

buy—buys, drive—drives, run—runs, say—says

(2) 以字母-o, -s, -x, -ch, -sh 结尾的动词词尾加-es。如：

do—does, fix—fixes, fish—fishes, watch—watches

(3) 以"辅音字母+-y"结尾的动词变y为i，再加-es。如：

fly—flies, try—tries, study—studies, cry—cries

8.2.3 当使用了频度副词，如 always, never, usually, rarely, sometimes 或副词短语 every day, every week 时，这种现在时可使习惯性动作表现得更加明显。如：

I ***sometimes stay*** up till midnight.

我有时直到午夜才睡觉。

She ***visits*** her parents ***every day***.

她每天都去看望父母。

Cats ***never fail*** to fascinate human beings. (III-9-p46-L1)

猫总能引起人们的极大兴趣。

Sometimes the secrecy ***goes*** to such an extent that the whole nature of the research cannot be mentioned. (IV-15-p87-L10-11)

有时，保密竟达到了这样的程度，即连研究工作的整个性质都不准提及。

—How often do you go to the dentist?

你多久去看一次牙医？

I ***go every six months***.

我每六个月去一次。

—Do you ever eat meat?

你平常吃肉吗？

No, I ***never eat*** meat.

不，我从不吃肉。

These days, people who do manual work ***often receive*** far more money than people who work in offices. (III-4-p26-L1-2)

如今，从事体力劳动的人的收入一般要比坐办公室的人高出许多。

Editors of newspapers and magazines ***often go*** to extremes to provide their readers with unimportant facts and statistics. (III-5-p30-L1-2)

报刊杂志的编辑常常走向极端向读者提供一些无关紧要的事实和统计数字。

Children ***always appreciate*** small gifts of money. (III-15-p70-L1)

孩子们总是喜欢得到一些零花钱。

Modern sculpture ***rarely surprises*** us any more. (III-18-p82-L1)

现代雕塑不再使我们感到惊讶了。

8.3 一般过去时

8.3.1 一般过去时通常表示过去某一时间发生的而现在已经结束的动作、事情或状态，常和表示过去某一时间的状语 yesterday, just now, at that time, three years ago 等连用。如：

Six hundred years ago, Sir John Hawkwood ***arrived*** in Italy with a band of soldiers and ***settled*** near Florence.（III-14-p66-L9-10）

600 年前，约翰·霍克伍德爵士带着一队士兵来到意大利，在佛罗伦萨附近驻扎下来。

In the early days of the settlement of Australia, enterprising settlers unwisely ***introduced*** the European rabbit.（IV-17-p98-L1-2）

在澳大利亚移民初期，一些有创业精神的移民不明智地把欧洲兔子引进了澳大利亚。

8.3.2 动词过去式的构成规则

规则动词的过去式是：

在动词原形后直接加-ed。如：

climb—climbed, pass—passed, open—opened

动词以-e 结尾，则只加-d。如：

die—died, arrive—arrived

动词以辅音 + -y 结尾，则去-y 再加-ied。如：

try—tried, carry—carried

8.3.3 规则动词过去式词尾-ed 的读音

在以浊辅音或元音结尾的动词后读[d]。如：

climbed, saved, stayed, carried

在以清辅音结尾的动词后读[t]。如：

crashed, shopped, asked

在以-t 或-d 结尾的动词后读[id]。如:

visited, handed, wanted

不规则动词(约 150 个)与规则动词不同,它们的过去式基本上无规则可循,需记忆。如:

begin—began, bring—brought, sit—sat, sleep—slept

8.3.4 一般过去时通常和表示过去的时间连用,有时没有具体的过去时间,需要通过上下文判断时间。如:

I travelled to Portsmouth by bus ***yesterday***. I ***got*** on the bus and ***sat*** down.

我昨天乘车去朴次茅斯了。我上了车,然后坐下。

8.3.5 若所给信息影响了时间限定,则必须给出时间状语。如:

I received the magazine I ***ordered last week***.

我收到了上周订的杂志。

recently 可用于一般过去时也可用于现在完成时,它在一般过去时中表示“不久以前”。如:

A fire ***broke*** out in our town ***recently***.

最近我们镇上发生了火灾。

在现在完成时中表示“从某一点一直持续到现在”。如:

I ***have seen*** him several times ***recently***.

我最近看见了他好几次。

8.3.6 时间状语从句可以起到描述过去时间背景的作用。如:

When the article arrived, the editor ***read*** the first sentence and then ***refused*** to publish it. (III-5-p30-L4-6)

稿子寄来后,编辑看了第一句话就拒绝予以发表。

8.4 一般将来时

8.4.1 一般将来时通常由 shall，will 或 be going to 加上动词原形构成。will 可用于所有人称，shall 只用于第一人称。在口语中，shall 和 will 的区别常被忽略，因为它们的缩略形式都是“'ll”。如：

I ***shall / will*** see you tomorrow.（= I***'ll*** see you tomorrow.）

8.4.1.1 在口语中，缩略形式“'ll”常用于代词之后。如：

He'***ll*** wash these dishes soon.

他马上就刷洗这些碟子。

She***'ll*** begin to do her homework.

她要开始写作业了。

8.4.1.2 否定式 will not 和 shall not 的缩略形式分别为 won't 和 shan't。如：

I / We ***won't / shan't*** go to the market.

我/我们将不去市场。

8.4.2 be going to 表示将来的用法

8.4.2.1 在非正式文体中，表示“意图”、“打算”时，一般将来时多用 be going to 而不常用 will。

8.4.2.2 be going to 表示将来而不借助时间状语来表达时，这种情形常指“马上”或“不久的将来”。如：

I ***am going to*** travel by air.

我将乘飞机旅行。

He ***is going to*** sell his car.

他将卖掉他的车。

8.4.2.3 be going to 也可与表示将来的时间状语连用。如：

He ***is going to*** sell his car ***next week***.

他将在下周卖车。

They ***are going to*** move to a new flat ***next month/next year***.

他们将于下个月/明年迁入新居。

8.4.2.4 be going to 可用来代替直接表达“打算”的动词。如：

I ***intend to*** write to him. (= I***'m going to*** write to him.)

我打算给他写信。

8.4.3 在条件句中一般将来时通常由一般现在时表达，即主句为一般将来时，从句为一般现在时。如：

If he ***is*** out, I***'ll*** call tomorrow. (II-16-p73-KS)

如果他不在，我明天打电话。

If it ***rains*** tomorrow, we***'ll*** stay at home. (II-16-p73-KS)

如果明天下雨，我们将待在家里。

If you ***see*** him, ***will*** you tell him about it? (II-16-p73-KS)

如果你见到他，你能告诉他那件事吗？

He ***will*** come tomorrow if he ***can***. (II-16-p73-KS)

如果有可能的话，他明天会来的。

这条规则也适用于时间状语从句，即当主句为一般现在时或一般将来时时，其时间状语从句要用一般现在时表示将来。如：

The moment he ***arrives***, I ***shall*** let you know. (II-60-p277-KS)

他一到我就告诉你。

I ***shall*** wait here until he ***comes***. (II-60-p277-KS)

我要在这里等他来。

As soon as the rain ***stops***, we ***shall*** go out. (II-60-p277-KS)

雨一停我们就要出去。

We***'ll*** go into the living room after we ***finish*** dinner. (II-60-p277-KS)

吃完饭后我们去起居室。

I***'ll*** give him the message when he ***returns***. (II-60-p277-KS)
他回来时我就把这个口信给他。

8.5 现在进行时

8.5.1 现在进行时由"be + 动词的现在分词"构成。它表示说话时正在进行的动作或事件，往往与 now，at the moment，just 等表示现在的时间状语连用。如：

Someone***'s knocking*** at the door. Can you answer it?
有人敲门，你去开一下好吗？

He***'s working*** at the moment, so he can't come to the telephone.
他现在正在工作，所以不能来接电话。

8.5.2 现在进行时也可以描述暂时的情况或动作，强调这一动作或情况短时间内正在进行。如：

—What***'s*** your daughter ***doing*** these days?
　你女儿现在在干什么？
—She***'s learning*** English at Oxford University.
　她在牛津大学学习英语。

在这种句型中，所描述的正在进行的动作在说话时未必正在发生。如：

Don't take the ladder away. Your father ***is using*** it.
别把梯子拿走，你父亲在用呢。(即他不一定现在在用)

8.5.3 现在进行时在与副词 always，constantly，continually、forever，perpetually，repeatedly 等连用时，表示不断重复的动作。如：

She***'s always helping*** people.
她经常帮助别人。

I'***m always hearing*** strange stories about him.

我总是听说有关他的一些怪事。

Our vicar ***is always raising*** money for one cause or another, but he has never managed to get enough money to have the church clock repaired. (III-2-p18-L1-3)

我们教区的牧师总是为各种各样的事筹集资金，但始终未能筹足资金把教堂的钟修好。

People ***are always talking*** about "the problem of youth". (IV-5-p29-L1)

人们总是在谈论"青年问题"。

8.5.4 现在进行时所描述的动作或事情发生得过多时，则有时含有抱怨的意思。如：

Our burglar alarm ***is forever going off*** for no reason.

我们的防盗警报器不知怎么常常失灵。

8.6 过去进行时

8.6.1 过去进行时表示过去某时正在进行的动作或状态，不一定需要时间状语。如：

Mr. Taylor, the owner of a jewellery shop ***was admiring*** a new window display. (III-6-p34-L3-4)

珠宝店主泰勒先生正在欣赏新布置的橱窗。

His wife ***was sitting*** beside him holding a large cake. (III-33-p154-L15)

他的妻子正坐在他身边，手里托着块大蛋糕。

The early climbers ***were looking for*** the easiest way to the top, because the summit was the prize they sought. (IV-3-p17-L2-3)

早期登山者所寻找的是通往山顶的最方便的途径，因为顶峰才是他们寻求的目标。

I ***was living*** abroad in 1987, so I missed the general election.

我1987年住在国外，所以错过了大选。

8.6.2 过去进行时和以 all 开头的状语(all night, all day)一起使用，强调动作的连续性。如：

It ***was raining all night/all day yesterday/all the afternoon***.

整夜/昨天一整天/整个下午都在下雨。

8.6.3 过去进行时表示某事发生前已经开始的动作。在这种情况下，过去进行时常和一般过去时在同一个句子里使用。过去进行时表示当时正在进行的动作或情况，一般过去时则表示比较短暂的动作或事件。正在进行中的动作或情况常常和连词 when, as, just as, while 等引导的时间状语从句连用。如：

While I ***was watering*** the garden, it ***began*** to rain.

我正在给花园浇水，天下起了雨。

Just as I ***was leaving*** the house, the phone ***rang***.

我正要出门，电话铃响了。

Small boats loaded with wares ***sped*** to the great liner as she ***was entering*** the harbour. (III-28-p134-L1-2)

当一艘大型班船进港的时候，许多小船载着各种杂货快速向这艘班船驶来。

8.6.4 过去进行时表示并行的动作，经常与 while 或 at the time 连用，强调同时进行的两种或几种动作。如：

While I ***was working*** in the garden, my wife ***was cooking*** dinner.

我在花园干活时，我妻子正在做饭。

8.6.5 meanwhile（与此同时、在此期间）经常用于描述正在进行的动作。如：

Meanwhile, the editor ***was getting*** impatient, for the magazine would soon go to press.（III-5-p30-L10）

在此期间，编辑等得不耐烦了，因为杂志马上要付印。

8.6.6 过去进行时和 used to 在使用时应该注意的问题

过去进行时表示过去某个时间正在发生的动作；而“used to + 不定式”表示一个动作或状态是过去的习惯，但并没有持续到现在（一般译为“过去常常”）。请比较：

I ***used to*** go to work by bus, but I go by car now.

过去我常坐公共汽车上班，现在我开车去。

I ***used to*** live with my grandparents, but I have my own home now.

我过去和我的爷爷奶奶住在一起，现在我有了自己的房子。

I ***used to*** collect stamps.

我过去集邮。(现在已经不集了)

8.6.7 在正式英语中，used to 的否定形式为 used not to，疑问句形式常把 used 提到主语前，为 Used（you）to ...？但在口语中，更常用的否定形式为 didn't use to 以及疑问句形式 Did you use to ...？

8.7 现在完成时

8.7.1 现在完成时主要有以下几种用法：

8.7.1.1 表示开始于过去并持续到现在（也许还会持续下去）的动作。它常和“for + 一段时间”或“since + 某个时间点”连用。如：

He ***has been*** there ***for six months***.

他已经去那里6个月了。(他仍在那儿)

He ***has never been*** abroad ***since 1980***.

他从1980年起就再没去过国外。(直到现在他都没再去过)

8.7.1.2 表示在过去不确定的时间里发生但对现在仍有影响的动作。如:

I ***have read*** the book, but I don't understand it.

我已看完了这本书,可是没看懂。

After years of conditioning, most of us ***have developed*** an unshakable faith in railway timetables. (III-37-p170-L1-3)

经过多年的适应,大多数人对火车时刻表产生了一种不可动摇的信念。

But in an old man who ***has known*** human joys and sorrows, and ***has achieved*** whatever work it was in him to do, the fear of death is somewhat abject and ignoble. (IV-11-p65-L3-5)

可是老年人已经饱尝了人间的甘苦,一切能做的都做了,如果怕死,就有点儿可怜又可鄙。

8.7.1.3 表示刚刚完成的动作,可以与 recently, just 等连用。如:

I ***have just received*** a letter from my brother.

我刚刚收到我弟弟的来信。

Several cases ***have been reported*** in Russia ***recently*** of people who can read and detect colours with their fingers, and even see through solid doors and walls. (IV-4-p23-L1-2)

俄罗斯最近报导了几个事例,有人能用手指看书识字和辨认颜色,甚至能透过厚实的门和墙看到东西。

8.7.1.4 表示最近发生的动作，常和副词 already（用于肯定句）和 yet（用于否定句和疑问句）连用。如：

—Have you typed my letter?

你打完我的信了吗？

—Yes. I ***'ve already typed*** it.

是的，我已经打完了。

The train ***hasn't arrived yet***.

火车还未到。

Has she ***arrived yet***?

她到了吗？

I ***haven't passed*** my driving test ***yet***.

我还没有通过驾驶考试。

8.7.1.5 描述重复动作。如：

Historians ***have*** long ***been puzzled*** by dots, lines and symbols which ***have been engraved*** on walls, bones, and the ivory tusks of mammoths.（III-38-p174-L13-14）

长期以来，历史学家一直对雕刻在墙壁上、骨头上、古代长毛象的象牙上的点、线和形形色色的符号感到困惑不解。

8.7.1.6 表示结论性的陈述也常常使用现在完成时。如：

On the whole, business ***has been*** very good this year.（IV-p113-SD-c3）

总的来说，今年的生意非常好。

8.7.2 在现在完成时中，要注意 have gone 和 have been 的区别。

请比较：

He ***has gone*** to Alice Springs.

他去艾丽斯斯普林斯了。（他在那儿或在去那儿的路上）

He ***has been*** to Alice Springs.

他去过艾丽斯斯普林斯。(他曾去过那儿，但现在他已经不在那儿了)

8.7.3 一般过去时和现在完成时的区别

一般过去时的时间概念是明确的，我们关心的是过去的时间或过去的结果。而现在完成时的时间概念有时是不明确的，我们所关心的是现在的结果，或过去发生的事对现在的影响，所以现在完成时不能和 ago, yesterday 等表示过去的时间状语连用；它常与下列副词短语连用，这些副词短语表明了过去与现在的联系。如：

so far (到目前为止)、so far this morning (今天上午到现在为止)、up till now (直到现在)、up to the present (直到目前) 等。

I'***ve planted*** 18 rose-bushes ***so far*** this morning.

今天上午到现在为止，我种了 18 丛玫瑰。

Olga ***hasn't appeared*** on TV ***before now***.

奥尔加在此之前没有上过电视。

另外用于疑问句中的副词 ever 及用于陈述句中的副词 not ever, never 也通常用于现在完成时态中。如：

She'***s never eaten*** a mango before. ***Have*** you ***ever eaten*** a mango?

她以前从没吃过芒果。你吃过芒果吗?

It's the most interesting book I'***ve ever read***.

这是我读过的最有意思的书。

8.8 过去完成时

8.8.1 过去完成时的主要用法是表示两个事件中过去一个动作开始之前另一个动作已经完成，前面发生的动作用过去完成

时来表示。如：

The patient ***had been dead*** when the doctor arrived.

医生来时，病人已经死了。

Last year a journalist ***had been instructed*** by a well-known magazine to write an article on the president's palace in a new African republic. (III-5-p30-L2-4)

去年，一位记者受一家有名的杂志的委托写一篇关于非洲某个新成立共和国总统府的文章。

请比较：

The patient ***died*** when the doctor arrived.

医生来时，病人死了。

(前者表明当医生到时，病人已经死了，医生并没有赶上。而后者所要说明的是病人是在医生到达的时候死的)

8.8.2 当句子中有 after 等能够暗示时间先后顺序的状语从句出现时，通常可以明确地说明主句与从句动作的先后关系，如果主句为过去时，那么从句中的动作就形成了"过去的过去"，因此表示从句动作的动词常常使用过去完成时。如：

After her husband ***had gone*** to work, Mrs. Richards sent her children to school and went upstairs to her bedroom. (III-13-p62-L1-2)

理查兹夫人等丈夫上班走后，把孩子送去上学，然后来到楼上自己的卧室。(该句中"上班"、"送"和"来到楼上"动作的先后顺序非常清楚)

Alfred ***had learned*** many of their ballads in his youth, and could vary his programme with acrobatic tricks and simple conjuring. (IV-9-p53-L2-4)

阿尔弗雷德年轻时学过许多民歌，并能穿插演一些杂技和小魔术使自己的节目多样化。(本句当中虽没有时间状语对这些动作进行约束,但仍能从上下文的因果关系上判断出这些动作的先后关系)

I explained that I ***had forgotten*** my keys.

我解释说我忘了带钥匙。(本句强调 forget 动作发生在过去的动作 explain 之前)

8.8.3 但在谈及过去不同时间所发生的两个动作时,并非总是要将先发生的动作用过去完成时表示。当按动作发生的顺序进行描述时,通常使用一般过去时即可。如:

Mary ***said*** some rather horrible things to me; I ***felt*** pretty upset, but ***tried*** not to think about them too much.

玛丽对我说了些很可怕的事情;我感到极为不安,但尽力试着不去多想。

8.8.4 当我们要强调过去时间以后的动作,而只想将发生在此动作之前的动作作为临时性过渡时,这一动作通常用过去完成时表达。这样使用时,并没有强调过去完成时表达的动作之意。如:

I felt pretty upset because of what Mary ***had said***, but I tried not to think about it too much.

因为玛丽对我所说的话,我感到极为不安,但尽力试着不去多想。

8.8.5 在过去完成时中表示"之前"概念时不能使用 ago,而必须使用 before。因为前者用于表示时间的起点是现在,而后者描述的时间起点则为过去的时间概念。因此,前者一般适用于一般过去时,而后者可以用于过去完成时。如:

A week ***before***, he ***had completed*** a successful overland flight during which he covered twenty-six miles. (III-20-p90-L9-10)

一周以前，他曾成功地进行了一次26英里的陆上飞行。

8.8.6 过去完成时的作用有时完全相当于现在完成时的过去形式，在间接引语中这种情况尤其多。如：

Juliet is excited because she ***has never been*** to a dance before.

Juliet was excited because she ***had never been*** to a dance before.

朱丽叶以前从未参加过舞会，所以很激动。

8.8.7 过去完成时被动语态为"had + been + 过去分词"。如：

When she came, the room ***had*** already ***been cleaned***.

她来时房间已经打扫过了。

8.8.8 "no sooner ... than（才……就）"和"scarcely / barely / hardly ... when（才/刚刚/仅仅……就）"这两种句型，表示某件事紧随着另一件事发生。no sooner/scarcely/barely/hardly 一般多用于主句的主动词之前，并且这一主动词常用过去完成时，但不排除用一般过去时的情况。主句中的谓语动词需要用部分倒装语序。如：

Hardly had the game ***begun when*** it started raining.

比赛刚刚开始就下起雨来。

No sooner did she ***reach*** the surface ***than*** she was pulled back again.

她刚露出水面就又被拉了回去。

8.9 现在/过去完成进行时

8.9.1 现在/过去完成进行时由"have/has been + 现在分词"和"had been + 现在分词"构成，所描述的动作主要强调以下几种情况：

8.9.1.1 现在/过去完成进行时表示动作在某一段时间内一直在

进行。如：

She is very tired, she***'s been typing*** letters all day.

她很累，整天都在打信件。

8.9.1.2 表示持续性的动作，如：learn（学习）、lie（躺着）、live（居住）、show（上演/上映）、rain（下雨）、sleep（睡觉）、stand（站）等，经常与 since 或 for 引导的表示一段时间的时间副词连用，也可用于以 how long 开头的疑问句中，表示到目前该动作仍在进行，尚未结束。如：

I***'ve been living*** here ***for 15 years***.

我在这里居住了 15 年。（说明他目前仍在这里居住）

I ***have been learning*** English.

我一直在学英语。

When I got home, I found that Jill ***had been painting*** her room.

我回到家时，看见吉尔在油漆她的房间。

8.9.1.3 现在/过去完成进行时还可以表示经常重复的动作。如：

Jim ***has been phoning*** Jenny every night for the last week.

上星期，吉姆每天晚上都给珍妮打电话。

I***'ve been coming*** up here night after night for weeks now. (III-2-p18-L11)

好几个星期了，我天天夜里到这里来。

Speculations about its nature ***have been going*** on for literally thousands of years, and one odd finding that makes the problem puzzling is that it looks very much as if sleeping is not simply a matter of giving the body a rest. (IV-19-p110-L2-4)

人们对睡眠作用的种种猜测，确实已有数千年之久。一项使人对这个问题感到困惑的奇怪的发现是，睡眠在很大程度上似乎并不仅仅是为了使身体得到休息。

In 1953, a former electronics engineer in his fifties, Christopher Cockerell, who had turned to boat-building on the Norfolk Broads, suggested an idea on which he ***had been working*** for many years to the British Government and industrial circles. (IV-29-p172-L2-4)

1953年，有一位50多岁名叫克里斯托弗·科克雷尔的原电子工程师，改行在诺福克郡的湖泊地区从事造船业，他向英国政府和工业界提出了他研究多年的一项计划。

8.9.1.4 现在/过去完成进行时可以用于描述通过直接或间接的证据得出结论。如：

Your eyes are red. You***'ve been crying***.

你的眼睛红了，你准是哭过了。

This room stinks. Someone***'s been smoking*** in here.

这屋子空气不好，有人在这儿抽烟了。

8.10 过去将来时

8.10.1 过去将来时是由 was / were going to, was / were about to, was / were to, was to have + 过去分词, was / were on the point of, was / were due to 和 would 等来表示。这些形式常常可以表示曾在过去预计发生的事情。如：

In the same way, a Russian might fail to see anything amusing in a joke which ***would*** make an Englishman laugh to tears. (III-29-p138-L4-6)

同样的道理，一则可以令英国人笑出泪来的笑话，俄国人听了可能觉得没有什么可笑之处。

When he learnt that he ***would*** be sent abroad, he returned to the farm and his father hid him until the end of the war. (III-30-p142-L16-17)

当他了解到自己将被派遣出国时，他逃回农场，父亲把他藏了起来，直到战争结束。

We *were about to* leave when a car drove up.

我们正要离开时一辆车开了过来。

The conference *was due to* last five days.

会议将持续五天。

8.10.2 表示无法预见结果。如：

Little did they know they *were to* be reunited ten years later.

他们简直想不到10年后竟又能团聚。

8.10.3 过去将来时也可以表示过去因故中断的动作，通常用"just ... when"形式。如：

We *were just going to* leave *when* Jean fell and hurt her ankle.

我们正要走，琼摔倒了，脚踝受了伤。

8.10.4 请比较"was going to"和"was to have + 过去分词"的异同：

I *was going to see* Mr. Kay.

我要去看凯先生。(可能见到，也可能没见到)

I *was to have seen* Mr. Kay.

我本来要去见凯先生。(没有见到他)

第九章 被动语态

9.1 概说

9.1.1 在英语中，语态分为两种：主动语态和被动语态。主动语态和被动语态都是指动词的形式而言。在主动句中，句子的主语是执行动作的人或物。如：

John ***cooked*** the food last night.

约翰昨天晚上做了饭。

9.1.2 在主动语态中强调的是执行动作的人或物，即主语是动作的执行者；而在被动语态中强调的是接受动作的人或物，即主语是动作的承受者。如：

Prisoners of war ***built*** the bridge in 1942. (II-10-P49-KS)

战俘在1942年建的这座桥。(强调施动者即"修桥的人")

This bridge ***was built*** in 1942. (II-10-P49-KS)

桥是1942年(被)建的。(强调受动者即"桥")

9.1.3 被动语态所强调的是动作的承受者而不是动作的执行者。因此，有时为了把话说得谨慎些，可以使用被动语态。请比较：

Muriel ***pays*** less income tax than she should.

缪里尔少交了所得税。

Muriel ***is said to pay*** less income tax than she should.

据说缪里尔少交了所得税。

(前者一般描述的情况是对此事有把握的说法；但出于谨慎，比较妥贴的说法应该是第二种)

9.1.4 为了使句子的结构更加平稳、严谨，经常使用下列三种被动结构：

(1) “It is / was + 动词过去分词（被动语态结构）+ that 引导的从句”。常用于此结构的动词有：agree, allege, arrange, assume, believe, consider, decide, declare, discover, expect, fear, feel, find, hope, know, observe, presume, prove, report, say, show, suggest, suppose, think, understand 等。如：

It is said that there is plenty of oil off our coast.

据说我国沿海有大量的石油。

It is feared that many lives have been lost in the train crash.

在这次列车碰撞事故中，恐怕有不少人丧生。

(2) “There + 动词（被动语态结构）+ to be + 补足语”。只有有限的动词可以用于这个结构：acknowledge, allege, believe, consider, fear, feel, presume, report, say, suppose, think, understand 等。如：

There is supposed to be a train at 12:37.

12 点 37 分应当有一列火车。

There are known to be thousands of different species of beetles.

据人们所知，甲虫有几千种。

(3) “除 it 以外的主语 + 动词（被动语态结构）+ 带 to 的动词不定式”的结构中常用 acknowledge, allege, believe, consider, declare, know, recognize, report, say, suppose, think, understand 等动词。如：

Turner was considered to be a genius even in his lifetime.

特纳生前已经被看成是个天才。

Homeopathic remedies are believed to be very effective.

人们认为顺势疗法很有疗效。

Jane is said to know all there is to know about chimpanzees.

据说简了解有关黑猩猩的一切情况。

Mandy is said to be some kind of secret agent.

据说曼迪是个间谍。

9.1.5 被动语态所强调的对象是动作的承受者，即行为客体。如果需要说明动作的执行者即行为主体时，常常可以用"by + 行为主体"的结构表示。如：

The window was broken ***by the boy*** who lives opposite.

窗户被住在对面的那个男孩儿打破了。

The window was broken ***by a stone***.

窗户被一块石头打破了。

说话人想说某人或某物应对有关事件负责时才用"by + 行为主体"结构。这个结构位于全句或小句的末尾，表示特别强调其重要性。如：

The window was broken ***by a slate*** that fell off the roof.

窗户被屋顶上掉下来的一块石板瓦打破了。

—Who composed that piece?

那曲子是谁谱写的？

—It was composed ***by Mozart***.

是莫扎特。

—Who(m) was BLEAK HOUSE written by?

《荒凉山庄》是谁写的？

—It was written ***by Dickens***.

是狄更斯写的。

9.2 被动语态的构成

9.2.1 在被动句中，句子的主语是动作的承受者。被动语态的形

式由相应的助动词加上动词的过去分词构成。如:

The food ***was cooked*** last night.

饭是昨天晚上做的。(由助动词 was + 过去分词 cooked 构成)

9.2.2 被动语态的构成形式分为:

(1) 一般现在时的被动语态: am / is / are + 过去分词

Our papers ***are delivered*** every morning. (II-10-p49-KS)

我们的报纸每天上午送到。

While they enjoy the comfort and banal luxury of their dwelling, they do not realize that they ***are deprived*** of the necessities of life. (IV-16-p92-L10-11)

他们在享受自己住宅的舒适和庸俗的豪华时,却没有意识到被剥夺了生活所必需的东西。

(2) 一般过去时的被动语态: was / were + 过去分词

A letter ***was delivered*** this morning. (II-10-P49-KS)

今天上午来了一封信。

The children ***were amused*** by the circus clown. (II-69-p314-SD)

孩子们被马戏团的小丑逗乐了。

When ***was*** this bridge ***built***? (II-10-P49-KS)

桥是什么时候建的?

This bridge ***was built*** by prisoners of war in 1942. (II-10-P49-KS)

这座桥是战俘于 1942 年修建的。

This ability ***was*** first ***noticed*** by her father. (IV-4-p23-L4)

是她父亲首先发现她这种能力的。

Vera's curious talent ***was brought*** to the notice of a

scientific research institute in the town of Ulyanovsk, near where she lives.(IV-4-p23-L7-8)
维拉的特异功能引起了她家附近乌里扬诺夫斯克城一个科研单位的注意。

Some time ago, an interesting discovery ***was made*** by archaeologists on the Aegean island of Kea.(III-3-p22-L1-2)
不久之前，在爱琴海的基亚岛上，考古工作者有一项有趣的发现。

(3) 现在进行时的被动语态：am / is / are + being + 过去分词

A new road ***is being built*** outside my house.(II-10-p49-KS)
我的房子外面有一条新路在建设之中。

He ***is being sent*** abroad.(II-58-p269-KS)
他正被送出国。

(4) 现在完成时的被动语态：have / has + been + 过去分词

My bag ***has been stolen***.(II-21-P93-KS)
我的包被偷走了。

Many strange new means of transport ***have been developed*** in our century, the strangest of them being perhaps the hovercraft.(IV-29-p172-L1-2)
本世纪已研制出许多新奇的交通工具，其中最新奇的要数气垫船了。

The sad truth is that most of us ***have been brought up*** to eat certain foods and we stick to them all our lives.(III-23-p114-L7-8)
不无遗憾的是，我们中的大部分人，生来就只吃某几种食品，而且一辈子都这样。

(5) 过去进行时的被动语态：was / were + being + 过去分词

The man ***was being questioned*** by the police.

那个人正在被警察问讯。

(6) 一般将来时的被动语态：be going to / will / shall + be + 过去分词

The complaint ***will be dealt with*** as soon as possible.

投诉将会尽快处理。

(7) 过去完成时的被动语态：had been + 过去分词

I found out that the parcel ***had been sent*** to the wrong address.

我发现那个包裹（被）寄错了地址。

9.3 不定式的被动语态

9.3.1 在"主语 + 谓语 + 宾语 + 不定式"结构中，当动词是被动语态时，其后的不定式可保持主动语态。如：

They asked me / I ***was asked to*** make a speech.

他们让我做演讲。

He told me / I ***was told to*** wait for him.

他告诉我等他。

9.3.2 当含有被动含义时，不定式本身能变成被动语态。请比较：

He never expected them to find the bicycle.

他从未指望他们能找到那辆自行车。

He never expected the bicycle to ***be found***.

他从未指望找到那辆自行车。

9.4 情态动词的被动语态

情态动词的被动语态是在 will, can, must 等情态动词后加 be + 过去分词构成。如：

Your watch ***will / can / must / should be repaired***.

你的表会/能/一定会/应该修好。

I told you it ***could / would be finished*** before dark.

我告诉你这事能/将在天黑前完工。

I can't find my bag. It ***must have been stolen***. (II-21-P93-KS)

我找不到我的提包。它肯定被人偷走了。(表示推测。其中"must + 谓语动词的完成时"表明推测的内容为过去发生的事情)

This new car ***must be tested***. (II-21-P93-KS)

这辆新车必须试一试。

9.5 分词结构的被动语态

现在分词的被动语态由"being + 过去分词"构成，它的完成式由"having been + 过去分词"构成。

After / On ***being informed*** that her mother was seriously ill, she hurried back to England.

她得知母亲病重，连忙回到英国。(意即：When she was informed ...)

Most people don't like ***being criticized***.

多数人不愿意被批评。(强调习惯性或倾向性)

He hates to ***be criticized***.

他不愿意被别人批评。(强调具体某件事情或动作)

被动语态与用作形容词的过去分词是有区别的。前者强调行为，而后者则强调状态。如：

I was ***worried*** about you all night.

我整夜为你担心。(形容词，表示状态)

I ***was worried*** by mosquitoes all night.

我被蚊子搅扰了一整夜。(被动语态，强调行为)

有少数主动动词有时含有被动意义。如：

These clothes ***wash*** well.

这些衣服经洗。

This wine ***is selling*** well.

这种酒卖得快着呢。

What***'s showing*** at the cinema this week?

这个星期电影院放映什么片子?

His novel ***is reprinting*** already.

他的小说已经在重印了。

当 want, need, require, demand 后面接 doing 形式的时候，其主动形式表示被动的含义。如：

Your shirt ***wants/needs/requires washing***.

你的衬衣该(被)洗了。

This watch ***needs/requires/wants repairing***.

这块表该(被)修了。

第十章　直接引语和间接引语

10.1 直接引语

10.1.1 一字不改地引述别人的话，叫直接引语。如：

"***Why don't we go sailing***?" Diana said.

"为什么我们不乘船游览呢?"戴安娜说。

"***What do you want***?" she asked me.

"你想要什么?"她问我。

10.1.2 以上两句是对说话人"戴安娜"和"她"所说的话的直接引述。如果通过第三者进行转述，可以不用引号改为下面的形式：

Diana suggested ***they should go sailing***.

戴安娜建议他们乘船游览。

She asked (me) ***what I wanted***.

她问我想要什么。

又如：

"***I am busy***," he said. (II-15-p69-KS)

"我忙，"他说道。

He said that ***he was busy***. (II-15-p69-KS)

他说过他忙。

"***I never work on Sundays***," she said. (II-15-p69-KS)

"我星期日从不工作，"她说。

She says that ***she never works on Sundays***.

她说她星期日从不工作。

She said that ***she never worked on Sundays***.
她说过她星期日从不工作。(转述时用了过去时态，从句当中的时态也随之变化)
"***I broke that plate***," he said. (II-15-p69-KS)
"我把那个盘子打破了，"他说道。
He says that ***he broke that plate***.
他说他打碎了那个盘子。
He said that ***he had broken that plate***.
他说过他打碎了那个盘子。

10.1.3 当把直接引语变为间接引语的时候，人称、时态、时间状语、地点状语等通常都应发生相应的变化。(详见10.2.4)

10.2 间接引语

10.2.1 说话人用自己的话转述别人的话，叫间接引语。间接引语需要由动词引述，因此这种动词称为引述动词，如 say, tell, ask, declare 等。

10.2.2 动词 tell, say, ask 通常引述间接引语。tell 后面必须跟人称间接宾语(tell sb. ...)，而 say 后面则可跟或不跟 to 引导的讲话对象。请比较：
He ***tells*** me/***says*** to me (that) he's very busy.
他说他很忙。
连词 that 在口语中常被省略。

10.2.3 直接引语变成间接引语时，其谓语动词时态变化规则如下：
10.2.3.1 当引述动词为现在或将来时态时，间接引语的时态不变。如：

He ***says***, "I'***m*** tired."

他说："我累了。"

He ***says*** he ***is*** tired.

他说他累了。

（主句为一般现在时，间接引语为一般现在时）

10.2.3.2 当引述动词为过去时态时，间接引语的时态则一般应作相应的变化，即时态的呼应，规则如下：

(1) 直接引语中的一般现在时，间接引语要变成一般过去时。如：

He ***said***, "I never ***work*** on Sundays."

他说，"我星期日从不工作。"（直接引语为一般现在时）

He ***said*** he never ***worked*** on Sundays.

他说他星期日从不工作。（间接引语变为一般过去时）

(2) 直接引语中的现在完成时，在间接引语中要变为过去完成时。如：

Sylvia ***said***, "I'***ve moved*** to another flat."

西尔维亚说："我搬到了另一套公寓里。"

Sylvia ***said*** (that) she ***had moved*** to another flat.

西尔维亚说她搬到了另一套公寓里。

(3) 直接引语中的一般过去时，在间接引语中则通常变为过去完成时，当然不排除仍用一般过去时。如：

"I ***moved*** to another flat," she ***said***.

"我搬到了另一套公寓里。"她说。

She ***said*** she ***moved*** to another flat.

她说她已搬到了另一套公寓里。

He ***said***, "I ***took*** it home with me."

他说："我把它带回家了。"

He ***said*** that he ***had taken*** it home with him.

他说他把它带回家了。

(4) 直接引语为现在进行时，间接引语变为过去进行时。如：

She ***said***, "He***'s waiting***."

她说："他在等待。"

She ***said*** (that) he ***was waiting***.

她说他在等待。

(5) 直接引语为过去进行时和过去完成时，间接引语变为过去完成进行时或不变。如：

"I ***was waiting*** for hours before you arrived," he ***told*** Harriet.

"在你来之前我等你好长时间了，"他告诉哈丽雅特。

He ***told*** Harriet that he ***had been waiting*** for hours before she arrived.

他告诉哈丽雅特在她来之前他已经等了好长时间了。

(6) 直接引语为一般将来时，间接引语为过去将来时。如：

"Where ***are*** you ***going***?" he ***asked***.

"你们要到哪儿去呀？"他问。

He ***asked*** (us) where we ***were going***.

他问我们要到哪儿去。

"When ***will*** we finish the job?" Amy ***asked***.

"我们什么时候能干完活？"埃米问。

Amy ***asked*** (me) when we ***would*** finish the job.

埃米问(我)我们什么时候能干完活。

(7) 直接引语为含情态动词的一般现在时，间接引语中情态动词变为一般过去时，如：shall / will 变成 would；can 变成 could；may 变成 might；但 would，could，ought to，should 通常不变。如：

"I ***can/will/may*** see you later," he ***said***.

"我能/愿意/可能以后见到你。"他说。

He ***said*** he ***could/would/might*** see me later.

他说他能/愿意/可能以后见到我。

She ***asked***, "***Shall*** I speak to Mary in person?"

她问："我亲自和玛丽说好吗？"

She ***asked*** whether she ***should*** speak to Mary in person.

她问她是否应亲自和玛丽说。

(8) 当 must 指过去时，可以不变；如果是指"不可推卸的义务"时，在间接引语中也可由 had to 代替。如：

"I ***must*** warn you of the consequences," he ***said***.

"我必须警告你会产生什么结果，"他说。

He ***told*** me (that) he ***must*** / ***had to*** warn me of the consequences.

他说他必须警告我会产生什么结果。

(9) 如果直接引语内容为普遍真理，主句谓语是过去时，变成间接引语时，引语部分时态不变。如：

"Light ***travels*** faster than sound," the teacher ***said*** to his students.

"光比声音传播得快，"老师对学生说。

The teacher ***told*** his students that light ***travels*** faster than sound.

老师告诉学生说光比声音传播得快。

10.2.4 直接引语变成间接引语时，人称、指示代词、时间状语、地点状语也应有相应的变化。

(1) 代词的变化如下：

I→he / she, me / you→him / her / I / we, my→his / her, we→they, us→them, our→their,

mine→his / hers, ours→theirs, myself→himself / herself

Mr. Worth said, "***I*** can see ***you*** tomorrow, Miss Casey."

沃思先生说："凯西小姐，我明天可以见你。"

Mr. Worth told Miss Casey (that) ***he*** could see ***her*** the next day.

沃思先生告诉凯西小姐说他第二天可以见她。

(2) 时间状语的变化如下：

now→then, ago→before, today→that day, tomorrow→the next day, yesterday→the day before / the previous day, last night→the night before

(3) 地点状语的变化如下：

here→there, this place→that place, these places→those places

(4) 动词的变化如下：

come→go, bring→take

10.2.5 直接引语为特殊疑问句，在变为间接引语时，其引导词应用疑问代词或疑问副词。ask 可以转述疑问句，包括一般疑问句和特殊疑问句。如：

"***When*** will Jack arrive?" Tom ***asked***.

"杰克何时到？"汤姆问。

Tom ***asked when*** Jack would arrive.

汤姆问杰克何时到。

10.2.6 除了 ask 之外，转述疑问句（包括一般疑问句和特殊疑问句）的动词还可以是 want to know，see，say，tell，wonder，inquire，但 inquire 一词较为正式，而且使用时后面不跟人称宾语。如：

She asked me: "Have you passed the exam?"

她问我："你通过考试了吗？"

She *inquired* whether / if I had passed my exam.

她问我是否通过了考试。

"Do you want any dinner or not?" he says.

"你们想不想吃饭？"他说。

He *wants to know* whether or not we want dinner.

他想知道我们是否想吃饭。

10.2.6.1 如果直接引语为选择疑问句，变为间接引语时，应用 whether ... or ...。如：

They asked me *whether* I was ill *or* not.

他们问我是否病了。

They asked me *whether* I was ill *or* just lazy.

他们问我是病了还是偷懒。

I was asked *whether* I wanted to stay at a hotel *or* at her home.

我被问到我想住在酒店还是想住在她家里。

She asked me *whether* I wanted tea *or* coffee.

她问我是要茶还是要咖啡。

10.2.6.2 如果直接引语为一般疑问句，间接引语中用 if 或 whether 引导。如：

"Have you been abroad?" Mary asked.

"你去过国外吗？"玛丽问。

Mary asked ***if/whether*** we had been abroad.
玛丽问我们是否去过国外。

if 与 whether 可以互换使用，但 whether 多用于有选择的情况下，表示的怀疑或不确定的程度比 if 稍深。如：

I wonder ***if/whether*** they've heard the news yet.
我不知道他们是否已经听到了这个消息。

Tim asked ***if/whether*** it was raining.
蒂姆问是否正在下雨。

10.2.7 当直接引语为祈使句时，间接引语中通常要用 tell，order，command，ask 等代替直接引语中的 say，并且动词后要用“名词/代词 + 不定式”结构。如：

"***Open*** the door for me, please." she ***said*** (to me).
“请给我打开门，”她对我说。

She ***asked*** me to ***open*** the door for her. / She ***told*** me to ***open*** the door for her.
她让我为她打开门。

若直接引语为否定句时，要注意间接引语中 not 的位置。如：

"***Don't make*** so much noise," she said to the children.
“不要发出太大的噪音，”她对孩子们说。

She ***told*** the children ***not to make*** so much noise.
她告诉孩子们不要发出太大的噪音。

10.2.8 动词 insist 和 suggest 不能用于“名（代）词 + 不定式”结构中，其后通常要跟一个“that 从句 +（should）+ 动词原形”的结构。如：

"You really must stay and have lunch," he said.
“你一定得留下来吃午饭。”他说。

He ***insisted that*** I (***should***) ***stay*** to have lunch.

他执意想让我留下吃午饭。

He says, "Why don't you go with me?"

他说:"你何不跟我一起去呢?"

He ***suggested*** that I (***should***) ***go*** with him.

他建议我应该跟他一起去。

第十一章 倒装句

11.1 概说

倒装句分为完全倒装句和部分倒装句。完全倒装句是指谓语动词完全在主语前面；而部分倒装句则通常是说相应的助动词在主语前面，而谓语动词仍在主语后面。如：

***Here comes the taxi*!**

出租车来了！

***There goes the last train*!**

最后一班火车开走了！

(以上两例均为完全倒装句，其实可以倒读成：The taxi comes here. / The last train goes there.)

Seldom did I go to the cinema.

我不常看电影。(本句为部分倒装句，只提前了助动词 did 而没有把谓语动词 go 也提到主语前面)

11.2 完全倒装句

11.2.1 当地点副词如 here，there 以及 back，down，off，up 等在句首时，要求句子为完全倒装。如：

Down came the rain and ***up the umbrellas*.**

下雨了，伞都撑了起来。

There is no shortage of tipsters around offering "get-rich-quick" opportunities. (IV-48-p280-L1)

我们周围不乏情报贩子，向人们提供迅速发财致富的机遇。

11.2.2 但是，当主语为代词时，主谓并不倒装。请比较：

There comes the bus.

公共汽车来了。(主语为名词，主谓应倒装)

There she goes.

她走了。(主语为代词，主谓不倒装)

At the top of the hill it stood out against the sky.

它背衬青天矗立在山顶上。(主语为代词，主谓不倒装)

11.2.3 地点状语在句首时一般也要完全倒装。如：

At the top of the hill stood the tiny chapel.

那座小教堂矗立在山顶上。

In the fields of poppies lay the dying soldiers.

罂粟地里躺着奄奄一息的士兵们。

11.2.4 定语从句中，也有少数情况适用这个规则。如：

We arrived at a farm house, ***in front of which sat a girl.***

我们来到了一座农舍旁边，在农舍的前面坐着一个小女孩儿。

11.2.5 此规则也适用于被动语态中。如：

In the distance could be seen the purple mountains.

远处可以见到紫色的山。

11.3 部分倒装句

11.3.1 当表示否定概念的副词，如：little, seldom, hardly, scarcely, never 等，**在句首时，要求使用部分倒装句。部分倒装句指的是谓语动词位置不变，而其相应的助动词要放在主语前面。**如：

Never/Seldom has there been so much protest against the bomb.

这么强烈的反对原子弹的抗议活动从未/很少有过。

Little does he realize how important this meeting is.

他对这个会议的重要性不甚了解。

11.3.2 但是，当否定副词不在句首时，则不倒装。如：

There has never/seldom been so much protest against the bomb.

从未/很少有过这么强烈的反对原子弹的抗议活动。

He little realizes how important this meeting is.

他不甚了解这个会议的重要性。

He had ***hardly had*** time to settle down when he sold the house and left the country. (II-38-p174-L9)

还没等安顿下来他就卖掉了房子，离开了这个国家。

Cats never fail to fascinate human beings. (III-9-p46-L1)

猫总能引起人们的极大兴趣。

Never do cats fail to facinate human beings.

猫总能引起人们的极大兴趣。

11.3.3 当 only 修饰状语或状语从句时，要求部分倒装；但当 only 不修饰状语而修饰其他成分（如主语）时，则不倒装。请比较：

The pilot reassured the passengers. ***Only*** then ***did I realize*** how dangerous the situation had been.

飞机驾驶员要乘客们放心，这时我才明白刚才的情况有多危险。(修饰时间状语，因此需要倒装)

Only girls are permitted to enter the theatre.

只有女孩子才能进入剧院。(only 修饰的是名词 girls，作主语，所以不倒装)

Only very thrifty children manage to fill up a money box.（III-15-p70-L5-6）
只有屈指可数的几个特别节俭的孩子能把储蓄罐装满。

Only when he saw that the man was actually telephoning the police ***did he realize*** that they had all been the victims of a hoax.（III-40-p182-L22-23）
当他看到那个工人真的是给警察挂电话，才恍然大悟，原来他们都成了一场骗局的受害者。

Only when the audience were seated ***did the lecturer begin*** his talk.
只有当听众们都坐下以后，主讲人才开始他的演讲。(only 修饰的是时间状语从句，因此要倒装)

Not only was the meal well below the usual standard, but Bessie seemed unable to walk steadily.（III-49-p224-L23-24）
结果，不仅饭菜远不如平时做得好，而且贝西走起路来似乎东倒西歪。[在 not only ... but (also)结构中，由 not only 引导的部分需要倒装，而其后的 but also 部分用正常语序]

11.3.4 关于 so 和 such 的倒装句

11.3.4.1 so 和 such 在句首时也可引起部分倒装，通常可以分为两种情况：

(1) so+形容词+从句/such+从句

So sudden was the attack（that）we had no time to escape.
袭击来得非常突然，我们来不及逃跑。

Such was his strength that he could bend iron bars.
他的力气大得能把铁棍弄弯。

So great is our passion for doing things for ourselves, that we are becoming increasingly less dependent on specialized labour. (III-46-p212-L1-2)

现在我们自己动手做事的热情很高，结果对于专业工人的依赖越来越少了。

(2) 在表示与前面句子有相同情形时，常用"so＋倒装"结构。如：

He likes fishing. ***So do I***.

他喜欢钓鱼，我也喜欢。(与对方有同感)

需要注意，so 之后的助动词，应与前面所提到的动词保持一致。如：

He ***is*** a soldier, ***so is my brother***.

他是个士兵，我弟弟也是。(该句中的动词为 is，所以倒装句中的助动词也应是 is)

He ***enjoys*** hunting, ***so do I***.

他喜欢打猎。我也是。(该句中的谓语动词为实义动词，所以倒装句中助动词应为 do，而不是 is)

11.3.4.2 当前面的句子为否定形式时，则应用"neither/nor＋倒装句"，而不是使用"so＋否定式"。如：

She ***doesn't like*** dancing, ***nor/neither do I***.

她不喜欢跳舞，我也是。(本句前面的句子为否定形式，所以倒装句的形式应该是 nor / neither do I，而不是 so don't I)

另外，neither / nor 放在句首时，句子也要倒装。如：

Neither was I surprised when the train stopped at Widley, a tiny station a few miles along the line. (III-37-p170-L13-14)

火车开出几英里即在一个小站威德里停了下来，对此，我不觉得奇怪。

Nor is the city without its moments of beauty.（III-41-p192-L26）

城市也并非没有良辰美景。

Nor is it only the ignorant and ill-educated person who has such faith in the bottle of medicine.（IV-28-p166-l13）

并不只是那些无知和没受过良好教育的人才迷信药瓶子。

If we glimpse the unutterable, it is unwise to try to utter it, ***nor should we seek*** to invest with significance that which we cannot grasp.（IV-24-p138-L15-16）

如果我瞥见了只可意会不可言传的事物，企图把它说出来，那是不明智的；对于我们不理解的事物，我们也不应该赋予它某种意义。

11.3.4.3 当前面句子中的动词出现并列，而且形式不统一时，后面的句子需要用 so it is / was with 结构。请比较：

He ***was*** once a soldier and ***enjoyed*** hunting, ***so it was with*** me.

他曾经是个士兵，而且喜欢打猎。我也是。（本句的前提句中动词既有 was 又有 enjoyed，动词的形式不统一，因此适用于此句型）

She ***is*** from France and ***isn't used to*** Chinese food. ***So it is with*** Anna.

她来自法国，不习惯中餐。安娜也是。

11.3.4 在 as 引导的让步状语从句中，需要倒装其表语、宾语或

状语部分。如：

Much as we may pride ourselves on our good taste, we are no longer free to choose the things we want.（III-26-p126-L1-3）

尽管我们可以自夸自己的鉴赏力如何敏锐，但我们已经无法独立自主地选购自己所需的东西了。

第十二章 虚拟语气

12.1 概说

虚拟语气一般表示说话人的主观愿望、推测等，而非客观情况，常用在非真实条件句当中。如：

How I wish I ***were*** a bird.

我多希望自己能成为一只鸟儿。(非客观事实)

If I ***were*** you I ***would*** buy this book.

如果我是你的话，我会买这本书的。(由 if 引起的条件句说明“我并不是你”)

If you ***saw*** him now, you ***wouldn't*** recognize him. (II-40-p184-KS)

假如你现在见到他，你会认不出来的。

It has been estimated that if the bridge ***were packed*** with cars, it ***would*** still only be carrying a third of its total capacity. (III-17-p78-L14-15)

据估计，若桥上摆满了汽车，也只不过是桥的总承载力的$\frac{1}{3}$。

12.2 虚拟语气的基本形式

12.2.1 虚拟语气根据其所表达意思的不同也有各种时态的变化。如果所描述的情况与目前事实不符，用现在虚拟语气；所描述的情况与将来的情况可能不符时，用将来虚拟语气；而当所描述的情况与过去发生的情况不符时，则用过去

虚拟语气。具体的动词形式请看下表：

主/从句中的动词形式 时态分类	主句中的动词形式	从句中的动词形式
与现在事实相反	should/would/could/might + 动词原形	动词的过去式(be一般用were)
与将来事实相反	should/would/could/might + 动词原形	动词的过去式、were to + 动词原形或should + 动词原形
与过去事实相反	should/would/could/might + 动词的现在完成式	动词的过去完成式

If I ***were*** you, I ***should*** try it again.

如果我是你的话，我会再试一次。(与现在事实不符)

If our educational system ***were fashioned*** after its bookless past we ***would*** have the most democratic form of "college" imaginable. (IV-33-p195-L10-11)

如果我们的教育制度仿效没有书籍的古代教育，我们的学院将具有可以想象得出的最民主的形式了。

Insects ***would make*** it impossible for us to live in the world; they ***would devour*** all our crops and kill our flocks and herds, if it ***were*** not for the protection we get from insect-eating animals. (IV-2-p11-L2-4)

要不是人类受一些食虫动物的保护，昆虫就会使我们无法在地球上生活下去，昆虫会吞食我们的全部庄稼，杀死我们的成群的牛羊。

If we ***watered / were*** to water / ***should*** water the wheat field next week, we ***could*** hope to get a better harvest.

如果我们下周浇麦田的话，我们就很可能有一个好的收成。(与将来的情况可能不符)

If I ***had got up*** earlier yesterday, I ***would have caught*** the first bus then.

如果昨天我起床早的话，就能赶上第一班车了。(与过去事实不符，即"没有早起"同时也"没有赶上第一班车")

If you ***had gone*** to the exhibition, you ***would have enjoyed*** it. (II-64-p294-KS)

如果你去过那个展览的话，你就会享受到它的乐趣的。

If I ***had been*** in your position, I ***would have acted*** differently. (II-64-p294-KS)

如果我当时处在你的位置上，我会采用不同的做法的。

12.2.2 "might / should / ought to + 动词的完成时态"结构表示过去可能发生而没有发生的事情。如:

You were stupid to try climbing up there. You ***might have killed*** yourself.

你试图在那里攀登是愚蠢的。你也许会摔死。

We ***should have caught*** the first train if we had got up earlier.

如果我们早点起床，我们就应该可以赶上第一班火车了。

He ***should have known*** that the police would never allow this sort of thing. (II-65-p296-L5-6)

他本该知道警察绝不会允许这类事情发生。

12.3 wish 与 if only 引起的虚拟语气

在英语中可以用 wish 或短语 if only 表示愿望，两者往往可以互换。if only 侧重于强调所希望的情况并不存在；而 wish 则通常表示所希望的事情有可能发生。如：

I ***wish/If only*** Tessa ***were*** here now.

要是特萨现在在这儿就好了。(指现在。本句中的 were 也可以用 was 替代，但 were 更为正式)

I ***wish/If only*** the sun ***were/was*** shining at this moment.

但愿此刻阳光灿烂。

I ***wish/If only*** you ***had let*** me know earlier. (指过去)

要是你早点让我知道就好了。

If only the common peoples of the world ***could*** meet one another at football or cricket, they ***would*** have no inclination to meet on the battlefield. (IV-6-p37-KS)

各国民众若能在足球场或板球场上交锋，就不愿在战场上残杀。

wish 也可以同 would 或 could 连用。如：

I ***wish*** you ***would/wouldn't***.

我希望你要/不要。(因为这种愿望易于实现，所以通常用 wish 而不用 if only)

I ***wish*** you ***wouldn't*** make so much noise.

我希望你别这么吵闹。

在此类句子中，如果有 would (表示愿望), could (表示能够), 则在 I 和 we 之后一般用 could 而不用 would。如：

If only we ***could*** be together.

要是我们能在一起就好了。

I ***wish*** I ***could*** be you.

我要是你就好了。

I ***wish*** he ***would*** come tomorrow.

我希望他明天会来。(这句话的意思其实是"我不知道他是否愿意来")

I ***wish*** he ***could*** come tomorrow.

但愿他明天能来。(这句话的意思是说"我肯定他不能来")

12.4 宾语从句中的虚拟语气

12.4.1 当 wish, would rather / had better 后接宾语从句，或在"It's (high / about) time that 从句"结构中，要使用虚拟语气，其虚拟语气的动词应为过去式/过去完成式，表示与现在/过去事实相反。如：

I ***wish*** you ***saw*** the exhibition.

我希望你去看那个展览。(和现在事实相反)

I ***wish*** you ***had seen*** the exhibition yesterday.

我希望你昨天看了那个展览。(和过去事实相反)

It's (***high***) ***time*** you ***got up***.

该起床了。(表示"还没起")

I'***d rather*** she ***sat*** next to me.

我宁愿她挨着我坐。

12.4.2 "would rather / sooner + 从句"时，从句通常使用虚拟语气。如：

I ***would rather*** Jack ***take*** the former train.

我宁愿杰克乘前一班火车去。

12.4.3 "would rather / sooner + 从句"结构也可以用于表示和过去的情况相反。如：

I'***d rather*** he ***hadn't told*** me about it.

我宁愿他没告诉我这件事情。(已过去)

Katie went by car and I'***d sooner*** she ***hadn't***.

凯蒂是坐汽车去的，我倒宁愿她不坐汽车去。(否定式)

12.4.4 suggest, propose, advise, insist, command, order, require / request 和 recommend 等动词，在引导宾语从句时通常使用虚拟语气。

上述动词一般表示使令概念，因此它所要求的宾语从句当中的动作未必一定能实现，符合虚拟语气所表达的概念特点，其虚拟语气的谓语动词为“should + 动词原形”，但 should 常可以省略。如：

They ***insist*** that a meeting (***should***) ***be held*** as soon as possible.

他们要求尽早召开一个会议。

To save time, I ***suggest*** we ***meet*** at the restaurant.

为了节省时间，我建议我们在餐厅会面。

12.4.4.1 以上动词的名词所引导的同位语从句或表语从句也要使用这种虚拟语气。如：

To save time, I make the suggestion that we meet at the restaurant.

为了节省时间，我建议我们在餐厅会面。

To save time, my suggestion is that we meet at the restaurant.

为了节省时间，我建议我们在餐厅会面。

12.4.4.2 在 suggest, insist 等所引导的宾语从句中，当主句的主语和从句的主语一致时，一般不用虚拟语气；而当主句的主语和从句的主语不一致时，则需要使用虚拟语气。如：

Jack ***insisted*** that he ***had*** once ***seen*** the UFO.

杰克坚持说他曾见到了不明飞行物。(主句和从句的主语是一致的，因此使用正常语气)

Jack ***insists*** that a meeting ***be held*** as soon as possible.

杰克坚持说咱们得尽快召开会议。(主句主语和从句主

语不一致，所以应使用虚拟语气）

I ***suggest*** that she ***go*** to Beijing tomorrow.

我建议她明天去趟北京。（本句中主句主语和从句主语不一致，因此使用虚拟语气。另外，宾语从句中虽然主语为第三人称单数 she，但其谓语动词仍应为动词原形 go 而不能是 goes，因为省略了前面的 should）

12.4.4.3 当 suggest 表示“暗示”、“说明”而不表示“建议”的时候，不引导虚拟语气。如：

Her accent ***suggests*** that she's from Canada.

她的口音说明/暗示她是从加拿大来的。

12.5 主语从句中的虚拟语气（“It's vital / essential + that 从句”等引导的虚拟语气）

表示“重要”、“必要”等意义的形容词，如：important, vital, essential, necessary, desirable 等，从句中的谓语用 should + 动词原形。如：

It is essential that every child ***have*** the same educational opportunities.

重要的是每个孩子都有同样的受教育机会。

Was it essential that my uncle ***be informed***?

有必要通知我的叔叔吗？

It is vital that we (***should***) ***control*** the spread of malaria.

对于我们来说控制疟疾的传播非常重要。

12.6 由 as if / though 引导的虚拟语气

12.6.1 当 as if / though 进行非事实的比喻或夸张时，经常可以引

导虚拟语气。如：

The old machine runs ***as if*** it ***were*** a new one.

这台机器如新机器般运转。

He said with a smile ***as if*** he ***were talking*** about an old friend.（III-24-p118-L21）

他笑着说道，俨然在谈论一位老朋友。

He works very hard ***as if*** he never ***intended*** to sleep.

他工作非常努力，仿佛永远不打算睡觉似的。

He talked about Japan ***as if*** he ***had been*** there for many times.

他谈论着日本，就像是他曾经去过多次一样。

12.6.2 as if 也可以用在句首，表示惊讶、不满、气愤的语气。如：

As if we ***were*** all stupid and he alone clever!

好像我们全都是傻瓜，只有他一个人聪明似的！

12.6.3 如果 as if 表示的是一种真实的情况，应该用正常语气。如：

It looks ***as if*** it ***is going to*** rain soon.

天看上去很快就会下雨。

12.7 虚拟语气中的倒装结构

在虚拟条件句中，可以使用倒装结构的形式代替 if。如：

Should you change your mind, let us know.

你如果改变主意就告诉我们。（这句话相当于 If you should change your mind, let us know.）

The cave might never have been discovered ***had not the entrance been spotted*** by the distinguished French pot-holer, Berger.（III-42-p196-L15-16）

若不是法国著名洞穴探险家伯杰由于偶然的机会发现了这个洞口的话，这个洞也许永远不会为人所知。

Had I realized what you intended I should not have wasted my time trying to explain matters to you.

如果我早了解了你的意图，我就不会浪费时间向你解释了。(黑体部分相当于 If I had realized . . .)

第十三章 it的用法

13.1 it作非人称代词

13.1.1 it指前面已经提到过的人或物时，作真实主语。如：

The rose is in full bloom, ***it***'s so pretty.

这玫瑰开得正盛，真漂亮。

What a beautiful baby, is ***it*** your nephew?

多漂亮的孩子，是你的侄子吗？

13.1.2 it在句子中用作非人称代词时，常常用来表示时间、天气、温度、度量衡、距离等，因为在这种情况下它没有实际意义。请看下表：

适用范围	例子
时间、季节	***It***'s Spring Festival today. 今天是春节。
天气、气候	***It***'s hot, though ***it***'s raining. 虽然下雨，天还是很热。
温度	***It***'s 33 centigrade in the room. 房间里的温度为33摄氏度。
距离、度量	***It***'s 10 kilometres to Paris. 距巴黎有10公里。
环境	***It***'s noisy / smoky in here. 这里有噪音/烟雾。

适用范围	例子
现状	Isn't ***it*** a shame! 真不像话!
与 since / says / take 等词连用时	***It***'s 3 years since we last met. 自从我们上次见面以来已有三年了。 ***It*** says there was an earthquake in Japan yesterday. 听说日本昨天发生了地震。 ***It***'ll take you half an hour to the station from here. 从这里到车站要花半小时。

—How far away is the station from here?

车站离这里多远?

—***It*** is 5 miles away. (II-23-p102-SD)

5 英里。

—What's the time?

现在几点了?

—***It*** is five o'clock. (II-23-p102-SD)

5 点。

—What's the weather like?

天气如何?

—***It*** is very cold. (II-23-p102-SD)

天很冷。

13.2 it 作形式主语

当不定式、动名词或名词从句作主语时，为了使句子的结构更加平稳、对称，我们经常使用 it 作形式主语，后面再接不定式、动名词或名词从句作真正主语。请比较:

To lie in the sun is pleasant.

It is pleasant ***to lie*** in the sun.

躺着晒太阳很舒服。

(前一句直接用不定式作主语，因为整个不定式短语占去了五个词，显得句子有些笨重而且有头重脚轻的感觉；而后者由于使用 it 充当了形式主语，就避免了这种情况)

It is all very well for such things ***to occur*** in fiction.（III-24-p118-L10)

这种事发生在小说中是无可非议的。

It is impossible ***to give*** a satisfactory explanation for a pot-holer's motives.（III-42-p196-L4-5)

要想对洞穴探险者的动机作出满意的解释是不可能的。

That Tom isn't here is a shame.

汤姆不在这里，真遗憾。

It's a shame ***that Tom isn't here***.(该句中 it 充当形式主语，that Tom isn't here 作真正的主语，为主语从句)

When we arrive doesn't matter.

It doesn't matter ***when we arrive***.

我们什么时候到达，无关紧要。

13.3 it 用在强调句中

强调句也叫分裂句，它通常可以用于强调某个词或短语。其结构为"It is/was + 被强调对象 + that 或 who(m)从句"，其中 that 可用于引导强调任何内容的从句，who(m)只用于引导强调人的从句。如：

Freda phoned Jack last night.

弗雷达昨晚给杰克打了电话。(本句为简单句，没有强调什么)

It was Freda ***who/that*** phoned Jack last night.

是弗雷达昨晚给杰克打了电话。(强调是弗雷达而不是别人)

It was Jack ***who(m)*** Freda phoned last night.

是杰克昨晚接到弗雷达打来的电话。(强调是杰克而不是别人)

It was last night ***that*** Freda phoned.

弗雷达是昨天晚上打的电话。(强调是昨天晚上而不是其他时间)

It was not until his third match in 1790 ***that*** Mendoza finally beat Humphries and became Champion of England. (III-21-p106-L17-18)

直到1790年他们第三次对垒,门多萨才终于击败了汉弗莱斯,成了全英拳击冠军。

It was Hart ***who*** created the basic formula of the Western film, and devised the protagonist he played in every film he made. (IV-21-p121-L2-3)

正是哈特创造了西部电影的基调,即在他自己拍摄的影片中他所塑造的主人公的形象。

13.4 it 作形式宾语

"it+形容词"可用在像 find 一类的动词之后作形式宾语或先行宾语,再接作真正宾语的动词不定式或 that 引导的从句。如:

Tim finds ***it*** difficult ***to concentrate***.

蒂姆觉得很难集中注意力。(后接不定式)

Jones thinks ***it*** funny ***that I've taken up yoga***.

琼斯认为我练瑜伽功是可笑的。(后接 that 引导的从句)

Radio and television have made ***it*** possible for advertisers ***to capture*** the attention of millions of people in this way. (III-26-p126-L10-11)

电台、电视使做广告的人可以用这种手段吸引成百万人的注意力。

适用于这个句型的类似的动词还有：acknowledge（承认）、believe（相信）、suppose（假设）、see（理解）、consider（认为）、calculate/estimate（估算）、declare（声称）、think（想）、take（以为）、find（发现）、feel（感觉）、reckon（估计）、guess（猜想）、show（表明）等。

13.5 it 用于一些搭配中

it 还可以用在 enjoy（享受）、like（喜欢）、love（爱）、hate（恨）等动词后。如：

You can ***make it***!

你会成功的！

I don't ***like it*** when you shout at me.

我不喜欢你对我大喊大叫。

13.6 It seems that/is possible that 从句

这种从句中 it 常常充当先行主语。如：

It is possible that there is a definite relation between these paintings and the markings that sometimes accompany them. (III-38-p174-L19-21)

有时，这种图画与墙壁上的刻痕共存，它们之间可能有一定的联系。

It seems that man was making a real effort to understand the seasons 20,000 years earlier than has been supposed.

(III-38-p174-L21-22)

看来人类早就致力于探索四季变迁了，比人们想象的要早20,000年。

It seems that he forgot to sign the letter.

他似乎忘了在信上签名了。

第十四章　句　子

14.1 概说

14.1.1 句子是一个完整的意义表述单位，通常由主语和谓语动词及其他附加成分组成。句子的主语也可能藏而不露，例如在祈使句中，主语常常被省略。如：

They arrived.

他们到了。

He has finished his work.

他已经干完了工作。

Open the door, please.

请开门。(即 You open the door. 在此祈使句中主语 you 被省略了)

14.1.2 由一个单词构成的或缩略的话同样也是一个完整的意义单位，特别是在口语或书面对话中尤为常见。如：

Good!

好!

All right!

好的!

Want any help?

需要帮忙吗?

(但这些都不是完整的句子，前两者不含有谓语动词，而后者是一个无主语的句子)

14.1.3 就其功能来说，句子是可以在基本句型的基础上进行扩充的。我们常常通过加上从句或短语来实现对句子的“扩充”。如：

The man ran away.

那个人跑掉了。

The man ***who stole the money*** ran away.

那个偷了钱的人跑掉了。(对主语的扩充)

I bought a raincoat.

我买了一件雨衣。

I bought a raincoat ***with a warm lining***.

我买了一件带保暖衬里的雨衣。(对宾语的扩充)

通过这种方法可以实现对句子进行任意的扩充。从理论上讲，英语可以利用扩充的方法造出无限长的句子。

14.2 简单句

14.2.1 简单句是最小的句子单位。简单句一般只有一个谓语动词，如 do / be / shall do 等，**并且由一个主谓结构组成。**如：

Last week I went to the theatre.（II-1-p12-L1）

上星期我去看戏。

14.2.2 简单陈述句的语序很重要，注意以下两个句子，每个句子所用词汇相同，但表达的意思不同。请比较：

The policeman arrested the thief.（II-1-p13-KS）

警察逮捕了小偷。

The thief arrested the policeman.

小偷逮捕了警察。

14.2.3 一个简单陈述句可以包括五个部分，即主语、谓语、宾语或表语、补语、状语。状语可以根据需要放在句尾、句中

或句首。如：

I enjoyed the film yesterday.
主语 谓语 宾语 状语
我喜欢昨天的那部影片。

The old man is called Hemingway.
主语 谓语 补语(主补)
这个老人叫海明威。

They appointed him chairman.
主语 谓语 宾语 补语(宾补)
他们任命他为主席。

Libraries made education possible.（IV-22-p127-L6）
主语 谓语 宾语 补语(宾补)
藏书使教育成为可能。

14.2.4 有时，简单句中主语、谓语及宾语会通过 and（和）、or（或者）、but（但是）、both ... and ...（两者都）、either ... or ...（或者……或者……）、neither ... nor ...（既不……也不……）、not only ... but also ...（不仅……而且……）等连词串接起来，从而形成主语、谓语、宾语并列的形式。如：

The boss ***and*** his secretary are flying to Paris.
并列主语
老板和他的秘书正飞往巴黎。

But ***neither*** psychiatric interviews ***nor*** objective tests were able to show any effects upon these American sailors.（IV-25-p149-L19-20）
并列主语
但是，不管是进行精神病学的调查访问，还是进行客观的测试，都不能显示噪音对这些美国水兵有任何影响。

Neither the boss ***nor*** his secretary is flying to York.
并列主语
老板和他的秘书都没有飞往约克。

I met Jane ***and*** her husband.

并列宾语

我遇到了简和她的丈夫。

Not only Mr. James ***but also*** his wife was involved in the

并列主语

trouble.

不仅詹姆斯先生，就连他的妻子也被卷入了那场麻烦当中。

We sang ***and*** danced all night.

并列谓语

我们一整夜又唱又跳。

14.2.5 在英语中，状语是使用最频繁和最富变化的，它能使语言描述更加具体、形象、生动。如：

In those days wandering minstrels were welcome everywhere.

状语（时间） 主语 谓语 状语（地点）

（IV-9-p53-L1-2）

当时，浪迹天涯的吟游歌手到处受到欢迎。

In the early days of the settlement of Australia, enterprising

状语（时间） 主语

settlers unwisely introduced the European rabbit.（IV-

状语（方式） 谓语 宾语

17-p98-L1-2）

在澳大利亚移民初期，一些有创业精神的移民不明智地把欧洲兔子引进了澳大利亚。

In the most sacred room of the temple, clay fragments of

状语（地点） 主语

fifteen statues were found.（III-3-p22-L10）

谓语

在庙中最神圣的一间殿堂里发现了15尊陶制雕像的碎片。

Editors of newspapers and magazines often go to extremes

主语 状语（频度） 谓语

to provide their readers with unimportant facts and statistics.
状语（目的） 状语（方式）
(III-5-p30-L1-2)
报刊杂志的编辑常常为了向读者提供一些无关紧要的事实和统计数字而走向极端。

14.2.6 英语中常会出现同位语，它通常与所说明的词有对等的关系。如：

This was the *Vasa*, ***royal flagship of the great imperial fleet***. (IV-27-p160-L3-4)
这就是"瓦萨"号，帝国大舰队的皇家旗舰。

14.2.7 根据动词后面所使用的不同成分，简单句可分为五种基本句型：

(1) 主语 + 动词

My head aches.
我头疼。

(2) 主语 + 动词 + 主语补足语

主语补足语通常出现在被动语态中。当还原为主动语态时，主语补足语则变成宾语补足语。如：

Bush was made President of the U.S.A.
布什当选为美国总统。
Americans made Bush President of the U.S.A.
美国人推选布什为美国总统。

(3) 主语 + 动词 + 直接宾语

My sister enjoyed the play.
我妹妹喜欢那出戏。

(4) 主语 + 动词 + 间接宾语 + 直接宾语

直接宾语和间接宾语并称为双宾语。直接宾语一般表示物，而间接宾语则表示人。通常间接宾语在前，直接宾语在后。如：

The firm gave Sam a watch.

那家商行赠给萨姆一块手表。

(5) 主语＋动词＋宾语＋宾语补足语

They made Sam chairman.

他们选举萨姆为主席。

14.3 并列句

14.3.1 并列句一般是由并列连词，如：and，but，so，yet 等，**分号或分号后跟一个并列连接副词**，如：however，above all，in addition，as far as 等，**将两个或两个以上的简单句连接而成。**

14.3.1.1 用并列连词连接

You can wait here ***and*** I'll get the car.

你在这儿等着，我去找车。

Jim speaks Spanish，***but*** his wife speaks French.

吉姆讲西班牙语，而他妻子讲法语。

14.3.1.2 用分号连接

We fished all day; we didn't catch a thing.

我们钓了一整天的鱼，可是一条也没钓着。

14.3.1.3 分号后再跟连接副词

We fished all day; ***however***，we didn't catch a thing.

我们钓了一天鱼，却没钓到一条鱼。

14.3.2 并列句中不存在单独的主句和从属于它的从句。各并列句根据上下文的要求按逻辑顺序排列，但各个并列句均同等重要并且独立存在。如：

The swimmer seemed to be in difficulty，***but*** he managed to

reach the shore in the end. (III-p20-SD)
这个游泳者似乎遇到了麻烦，但他最终还是游到了岸上。

They can be friendly and affectionate towards humans, ***but*** they lead mysterious lives of their own as well. (III-9-p46-L1-3)
它们可以对人友好，充满柔情。但是，他们又有自己神秘的生活方式。

They are not anxious social climbers, ***and*** they have no devotion to material things. (IV-5-p29-L11-12)
他们不热中于向上爬，也不一味追求物质享受。

The deepest holes of all are made for oil, ***and*** they go down to as much as 25,000 feet. (IV-13-p76-L1)
在所有洞穴中，为寻找石油所钻的洞是最深的，这些洞可深达 25,000 英尺。

仔细阅读以下句子，特别注意它们是如何连接起来的。请注意斜体词：

He finished lunch. He went into the garden. (II-25-p123-KS)
他吃完午饭。他走进花园。

He finished lunch ***and*** went into the garden. (II-25-p123-KS)
他吃完午饭，走进花园。

I ran to the station. I missed the train. (II-25-p123-KS)
我跑到车站。我误了火车。

I ran to the station ***but*** missed the train. (II-25-p123-KS)
我跑到车站，但误了火车。

I saw him yesterday. He did not greet me. (II-25-p123-KS)
我昨天见到了他。他没有理我。

I saw him yesterday ***but*** he did not greet me. (II-25-p123-KS)

我昨天见到了他，但他没有理我。

14.4 复合句

14.4.1 英语中复合句的使用最为广泛，在书面语中更是如此。

复合句的构成方法通常是用从属连词，如：if / unless (引导条件状语从句)、because / as / since (表示原因)、when / while / as soon as / until(表示时间)、where (表示地点)、although / though / as (表示让步)、so that / in order that (表示目的)、as if (表示方式)或关系连词，如：who / whom / when / where (引导定语从句)，把简单句连接起来。其中包括一个独立的简单句（或称为主句）和一个或几个从属简单句（或称为从句）。主句往往可以独立存在。如：

The alarm was raised ***as soon as*** the fire was discovered.

主句　　　　从句

一发现起火，报警器就响了起来。

When anyone opens a current account at a bank, he is lending the bank money. (IV-12-p70-L1)

从句　　　　主句

任何人在银行开一个活期账户，就等于把钱借给了银行。

It is always wiser and safer to face up to reality, ***however*** painful it may be at the moment. (IV-34-p201-L22-23)

主句　　　　从句

遇事采取面对现实的态度总是比较明智和稳妥的，尽管会有暂时的痛苦。

14.4.2 复合句从其作用上来说大致分为三个类型：

(1) 状语从句

However hard I try, I can't remember people's names.

不管我怎样用心，还是记不住人们的名字。

(2) 名词性从句

He told me (***that***) ***the match had been cancelled***.

他告诉我比赛取消了。(宾语从句)

It is well known ***that where the white man has invaded a primitive culture***, the most destructive effects have come not from physical weapons but from ideas. (IV-45-P263-L17-18)

众所周知，凡是白人侵入原始文化的地方，破坏作用最大的不是杀人的武器，而是思想。(主语从句)

We must face the difficulty ***that the living cost is rising***.

我们必须正视生活费在上涨这一困难。(同位语从句)

The notice just received is ***that the meeting has been cancelled***.

刚刚收到的通知是这次会议已经取消了。(表语从句)

(3) 定语从句

The big clock ***which used to strike the hours day and night*** was damaged many years ago and has been silent ever since. (III-2-p18-L3-4)

教堂的钟很大，以前不分昼夜打点报时，但在很多年前遭到毁坏，从此便无声无息了。

All the things (***that***) ***I had packed so carefully*** were soon in a dreadful mess. (III-11-p54-L13-14)

所有细心包装好的东西一会儿工夫就乱成了一团。

14.5 状语从句

状语从句在句子中可以说明事情发生的时间、地点、原因、方式、结果、目的等，用相关的从属连词引导。注意以下句子是如何连接在一起的，要特别注意斜体词。

The children ran away. They broke the window. (II-14-p65-KS)

孩子们跑了。他们打碎了玻璃。

The children ran away ***after they had broken the window***. (II-14-p65-KS)

孩子们打碎了玻璃之后跑了。

The sun set. We returned to our hotel. (II-14-p65-KS)

太阳下山了。我们回到了旅馆。

As soon as the sun set we returned to our hotel. (II-14-p65-KS)

太阳一下山我们就回到了旅馆。

I did not understand the problem. He explained it. (II-14-p65-KS)

我不懂这个问题。他解释了。

I had not understood the problem ***until he explained it***. (II-14-p65-KS)

在他解释之前我不懂这个问题。

He missed the train. He did not hurry. (II-49-p233-KS)

他误了火车。他没有赶紧离开。

He missed the train ***because he did not hurry***. (II-49-p233-KS)

因为没有赶紧离开，他误了火车。

He ran fast. He failed to win the race. (II-49-p233-KS)

他跑得很快。他没有赢得比赛。

Although he ran fast, he failed to win the race. (II-49-p233-KS)

虽然他跑得很快，但他没有赢得比赛。

14.5.1 时间状语从句

时间状语从句一般回答 when 的问题，并且可以由下列从属连词引导，如：when（当……时）、after（在……之后）、as soon as（一……就……）、before（在……之前）、by the time (that)（到……的时候）、once（一旦）、since（自从）、until / till（直到）、whenever（不论何时）等。当状语从句位于句首时，后面常用逗号隔开。如：

You didn't look very well ***when you got up this morning***.

你今天早晨起床时，气色可不大好。

When he got married, Alf was too embarrassed to say anything to his wife about his job. (III-4-p26-L9)

艾尔弗结婚时，感到非常难为情，而没有将自己的职业告诉妻子。

Four days after setting out, ***while the Titanic was sailing across the icy waters of the North Atlantic***, a huge iceberg was suddenly spotted by a lookout. (III-10-p50-L9-10)

"泰坦尼克"号起航后的第四天，它正行驶在北大西洋冰冷的海面上。突然，瞭望员发现一座冰山。

Whenever I meet him, he always talks about his personal problems. (IV-5-p31-KS)

每当我遇到他时，他总是谈他的私人问题。

时间状语从句中，通常用现在时表示将来时。因此在引导词 after, as soon as, before, by the time, directly, immediately, the moment, till, when 等后面一般不用将来时，而用现在时；不用将来完成时，而用现在完成时。

The Owens will move to a new flat ***when their baby is born***.

孩子出生以后，欧文斯全家将搬到一套新的公寓去住。

Once (= ***When***) ***we have decorated the house***, we can move in.

一旦我们把房间装饰好，就能搬进去了。

As soon as the rain stops, we shall go out. (II-60-p277-KS)

雨一停我们就要出去。

You must finish your dinner ***before you leave the table***.

你必须把饭吃完后才能离开桌子。

We'll go into the living room ***after we finish dinner***.

吃完饭后我们去起居室。

The moment he arrives, I shall let you know.

他一到我就告诉你。

14.5.2 地点状语从句

这类从句回答 where 的问题，可以由 where（在……的地方）、wherever（无论什么地方）、anywhere（无论何处）等连词引导。地点状语从句一般置于主句之后。如：

You can't camp ***where / wherever / anywhere you like*** these days.

如今你不能随意宿营了。

Everywhere Jenny goes she's mistaken for Princess Diana.

无论珍妮走到什么地方，她都会被误认为是戴安娜王妃。

where 一般表示一个确定的但非特指的地点。如：

The church was built ***where there had once been a Roman temple***.

教堂建在曾一度是罗马神庙的地方。

14.5.3 方式状语从句

这类从句回答 how 的问题，它可以由 as 和 (in) the way 引导。方式状语从句一般置于主句之后。be (是)、act (行动)、appear (出现)、behave (举动)、sound (听起来)、feel (感觉)、look (看起来)、seem (好像) 等后面通常用 as if 和 as though 引导。如：

I feel ***as if / as though I'm floating on air***.

我感到好像漂浮在空中一样。

It feels ***as if it's going to rain***.

这天气给人的感觉好像是就要下雨了。

Lillian was trembling ***as if / as though she had seen a ghost***.

莉莲直发抖，就像见了鬼似的。

Type this again ***as I showed you a moment ago*** (= in the way I showed you).

把这份材料按照我刚才告诉你的方式再打一遍。

The fish isn't cooked ***as I like it*** (= in the way I like it).

这条鱼不是按照我喜欢的方法做的。

14.5.4 原因状语从句

原因状语从句回答由 why 引导的问题，由以下从属连词引导：because (因为)、as (因为)、seeing (that) (由于)、since (既然) 等。如：

As / Because / Since there was very little support, the strike was not successful.

由于支持的人很少，罢工未获成功。

I'm afraid we don't stock refills for pens like yours ***because there's little demand for them***.

对不起，我们没有你那种笔的笔芯，因为销路不好。

Since the sea covers the greater part of the earth's surface, it is quite reasonable to regard the sea floor as the basic form of the crust of the earth, with, superimposed upon, it the continents, together with the islands and other features of the oceans.（IV-30-p177-L13-15）

既然海洋覆盖着地球的大部分表面，因此完全有理由把海床看作地壳的基本模壳，上面附加着大陆以及岛屿和海洋的其他形态。

原因状语从句也可以由 for 引导。但用 for 引导时前面要加上逗号。如：

However, boxing was very crude, ***for there were no rules and a prizefighter could be seriously injured or even killed during a match***.（III-21-p106-L3-5）

不过，拳击是十分野蛮的，因为当时没有任何比赛规则，职业拳击手有可能在比赛中受伤，甚至丧命。

14.5.5 条件状语从句

条件状语从句表示动作发生的条件，通常由连词 if（如果）、on condition that（在……条件下）、unless（除非、若不）、as /so long as（只要）、proving /proved（that）（假若）等引导。如：

If he is out, I'll call tomorrow.（II-16-p73-KS）

如果他不在，我明天打电话。

If you see him, will you tell him about it?（II-16-p73-KS）

如果你见到他，你能告诉他那件事吗？

Experts confirmed that a puma will not attack a human being ***unless it is concerned***.（III-1-p14-L8-9）

专家证实，美洲狮除非被逼得走投无路，是决不会伤人的。

If fifty pence pieces are not exchanged for sweets, they rattle for months inside money boxes.（III-15-p70-L4-5）

如果50便士不拿来换糖吃，则可以放在储蓄罐里叮当响上好几个月。

条件状语从句就其功能而言可以分为两个基本类型，即真实条件句和非真实条件句(或称虚拟条件句)。if所引导的条件句如果反映的是可能发生的事件，那么称之为真实条件句；而如果所反映的是不可能发生的事件，则称之为非真实条件句。如：

If I lose my job, I will go abroad.

如果我失业了，我就出国。

If he is working, I'll not disturb him.（II-40-p183-KS）

如果他在工作，我就不去打扰他了。

If the weather clears, we'll go for a walk.

如果天晴，我们就去散步。

这些条件句中所假设的情况是真实的。这样的陈述句也常被称为真实条件句或开放条件句。

If my horse had won, I would have made a lot of money.

如果我的马赢了，我就会得到许多钱了。

本句中假设的是非真实的情况，意思是说"我的那匹马根本就没有赢"。在这类条件句中，if从句谈论想象的情况，主句则推测想象的结果。在从句中要用动词的过去时，但这并不意味着动词所表明的就是过去的动作，因此常被称作"非真实过去"，整个条件句也被称为"非真实条件句"。如果从句中的动词是be，那么与任何人称搭配的动词均为were。请注意从句中的动词：

If you went to the exhibition you would enjoy it.（II-40-p183-KS）

假如你去看展览，你会喜欢的。

If you saw him now you wouldn't recognize him. (II-40-p184-KS)
假如你现在见到他，你会认不出来的。
If I were in your position, I would act differently. (II-40-p184-KS)
假如我处于你的位置，我会采取不同的做法。

请比较以下真实条件句与非真实条件句的异同：

You'll miss the train ***if you don't hurry***. (II-16-p73 KS)
你如果不快一点儿，会误了火车的。
You play to win, and the game has little meaning ***unless you do your utmost to win***. (IV-6-p35-L6-7)
参加比赛就是为了取胜。如果不拼命去赢，比赛就没有什么意义了。
If a nation is essentially disunited, it is left to the government to hold it together. (IV-36-p213-L1)
如果一个国家实际上处于分裂状态，使之联合起来就是政府的事了。
If I had been in your position, I would have acted differently.
如果我当时处于你的位置，我会采取不同的做法的。
If you could have made him change his mind, you would have saved him a lot of trouble.
如果你当时能使他改变想法，你就会使他免遭许多麻烦。

在 if 真实条件句中也存在现在时表示将来时的用法。请细读以下句子，特别注意用斜体标出的地方：

If it rains tomorrow, we'll stay at home. (II-16-p73-KS)
如果明天下雨，我们将呆在家里。
He will come tomorrow ***if he can***. (II-16-p73-KS)
如果有可能的话，他明天会来的。

If I have time, I'll be writing to him tomorrow.
如果我有时间，我明天给他写信。
The dispute will end ***if both sides agree***.
如果双方达成协议，辩论就会结束。

14.5.6 让步状语从句

让步状语从句含有使句子具有对比的意义。引导让步状语从句的常用连词有：although（虽然）、considering (that)（就……而论）、though / as（虽然）、even if（即使）、even though（即使）、while（虽然）、whereas（鉴于）、no matter how / however（不管如何）等。

Although / Though / Even though I felt sorry for him, I was secretly pleased that he was having difficulties.
虽然我为他感到惋惜，但对他的苦难我却暗自高兴。
While I disapprove of what you say, I would defend to the death your right to say it.
尽管我不赞成你说的话，我还是要拼命维护你这样说的权利。
I told him to report to me after the job was completed, ***no matter how late it was***.
我让他无论多晚在完成这项工作以后都要向我汇报。
Although mankind has undergone no general improvement in intelligence or morality, it has made extraordinary progress in the accumulation of knowledge.（IV-22-p127-L2-4）
虽然人类在智力和道德上没有得到普遍提高，但在知识积累方面却取得了巨大的进步。
Marine Studio biologists have pointed out that, ***however intelligent they may be***, it is probably a mistake to credit

dolphins with any motive of lifesaving. (IV-18-p104-L2-4)
海洋摄影室的生物学家指出，无论海豚多么聪明，认为它们有救人的动机可能是错误的。

It is always wiser and safer to face up to reality, ***however painful it may be at the moment***. (IV-34-p201-L22-23)
调事采取面对现实的态度总是比较明智和稳妥的，尽管会有暂时的痛苦。

No matter how hard I tried, it was impossible to fill this beautiful pen with ink and to this day it has never written a single word! (III-28-p134-L21-22)
然而不管我如何摆弄，那支漂亮的钢笔就是吸不进墨水来。直到今天那支笔连一个字也没写过！

Though Mrs. Bussman was fully acquainted with this story, she thought that there was a chance in a million that she might be right. (III-36-p166-L14-15)
尽管巴斯曼夫人熟知这个情况，但她仍然认为自己的想法有百万分之一的可能性。

14.5.6.1 让步状语从句中 although 和 though 作为从属连词用法基本相同，但两个词在具体使用中应注意以下几点区别：

(1) though 多用于正式的口语或书面语中；although 用于各种文体。如：

Although / Though the factory is small, its products are of very good quality.
这个工厂很小，但其产品质量却很高。

I'd like to go out for a walk, ***although / though it is a bit late***.
虽然天有点儿晚了，但我还是很想出去走走。

Today, ***although the old Galileo lives on in many***

popular writings, among historians of science a new and more sophisticated picture has emerged. (IV-32-p188-L13-14)

今天，虽然已故的伽利略继续活在许多通俗读物中，但在科学史家中间，一个新的更加复杂的伽利略的形象出现了。

(2) though 可以作副词用在句尾，表示"然而"、"不过"之意，但 although 则不能这样使用。如：

It was a quiet party; I had a good time, ***though***.

这次聚会不热闹，不过我还是玩得挺痛快。

(3) 与汉语的"虽然……但是……"用法不同，although 和 though 均不能同表示转折关系的并列连词 but (但是) 连用，但可以用 yet, still, nevertheless 等副词对主句的内容进行强调。如：

Though the water is deep, ***yet*** it is clear.

水虽深却清澈。

(4) though 可以像 as 一样引导倒装形式的让步状语从句，而 although 却不能。如：

Young though/as she is, she knows a lot about English.

她虽年轻但英语却懂得很多。

14.5.6.2 带 ever 的复合词 whatever, whoever, whichever, wherever, whenever, however 均可以作连词引导让步状语从句，表示"不管什么人 (whoever)、什么事情 (whatever)、什么地方 (wherever)、什么时候 (whenever)"等，相当于"no matter + 这些疑问词"。如：

Wherever (= No matter where) you go, you can't escape from yourself.

无论你到哪里，都不能摆脱你自己。

However（= No matter how）brilliant you are, you can't know everything.

不管你有多聪明，也不可能事事都知道。

Whoever（= No matter who）you vote for, prices will go on rising.

无论你选谁，物价都要上涨。

whatever 还可以作代词或指示代词，表示“任何事情”或“一切事情”，这时它并不引导状语从句而是引导名词性从句。如：

He volunteered to do ***whatever*** he could.

他自告奋勇要尽其所能地去做。

She had to rely on ***whatever*** books were lying around.

她只能依靠摆在她面前的任何书籍。

whatever 作副词，置于否定词或词组之后，强调“没有”。如：

He knew nothing ***whatever*** about it.

他对那事一无所知。

There is no scientific evidence ***whatever*** to support such a view.

没有任何科学依据来支持这一观点。

whenever 作连词，当表示“任何时候”时，引导时间状语从句。如：

Whenever she had a cold, she only ate fruit.

每次感冒，她只吃水果。

Come and see me ***whenever*** you feel depressed.

你觉得不愉快时，就来找我。

whoever 作代词时，表示“任何人”，一般指不确定的人，引导名词性从句。如：

Whoever answered the phone was a very charming woman.

接电话的那个人是个非常可爱的女人。

however 作副词表示"然而"之意，不引导从句，而作插入语。如：

Losing at games doesn't matter to some women. Most men, ***however***, can't stand it.

在比赛中失利对于某些女人来说算不了什么，然而多数男人却受不了。

14.5.6.3 as 可引导让步状语从句。请看例句：

Much ***as*** we may pride ourselves on our good taste, we are no longer free to choose the things we want, for advertising exerts a subtle influence on us. (III-26-p126-L1-4)

尽管我们可以自夸自己的鉴赏力如何敏锐，但我们已经无法独立自主地选购自己所需的东西了。这是因为广告在我们身上施加着一种潜移默化的影响。

as 为从属连词的时候，引导让步状语从句，主要用于正式文体中，表示"尽管"、"虽然"之意。它与其他引导让步状语从句的连词所不同的是，as 必须使用倒装语序。

(1) 从句谓语动词为系动词时，其从句结构为：主语补语 + as + 主语 + 系动词或系动词 + 主语。请看例句：

Cold as it was, (= Although it was so cold), we went out.

天尽管很冷，我们还是出去了。

Tired as was Professor Wilson (= Although Professor Wilson was very tired), they couldn't stop him from doing the experiment late into the night.

尽管威尔逊教授很累了，但他们还是无法阻止他做实验一直到深夜。

但是当从句中的主语为代词时，系动词需置于主语之后（如第1句）；当从句的主语为名词时，系动词需置于主语之前（如第2句）。

(2) 当从句中的谓语动词是实义动词，或该动词由副词修饰时，其从句为“动词原形或副词 + as + 主语……”这一结构。如：

Fast as you read, you can't finish the book in two days.

尽管你读得很快，但你也不能在两天内读完这本书。

Try as he might, John couldn't get out of the difficulty.

虽然约翰很努力，他仍不能摆脱困境。

由于从句主语后经常跟 might, could, would 等情态动词，因此置于 as 之前的动词需为动词原形。从属连词 though 同样可以使用这种特殊语序，引导让步状语从句。如：

Bravely though they fought, they had no chance of winning.

虽然他们打得很勇敢，但是仍无获胜的机会。

14.5.7 目的状语从句

14.5.7.1 目的状语从句通常由 so that / in order that（为了、以便）、in case（以防）和 for fear（以免）等引导。如：

I've arrived early ***so that / in order that*** I can get a good view of the procession.

我到得很早，以便可以好好看看那游行的队伍。

I arrived early ***so that/in order that*** I might not miss anything.

我到得很早，以免错过什么。

We've installed an extinguisher next to the cooker ***in case*** there is ever a fire.

我们在炉灶旁边安装了一个灭火器，以防着火。

I bought the car at once ***for fear*** (***that***) he might change his mind.

我马上买下了那辆车，以免他变卦。

He works hard ***in order that*** he may pass his exams. (II-59-p274-SD)

他学习刻苦，为的是通过考试。

He sent a fax ***so that*** his mother might learn the good news.

他发了一份传真，以便他的母亲能知道这个好消息。

Modern industry is based on the conception of the maximum production at lowest cost, ***in order that*** an individual or a group of individuals may earn as much money as possible. (IV-16-p92-L2-4)

现代工业的基本概念是：以最低成本获取最多产品，为的是让某个个人或某一部分人尽可能多地赚钱。

14.5.7.2 so as to 和 in order to 是带 to 的不定式的变体，不是连词，因此它们不能引导从句。而 so that 和 in order that 均为从属连词，可以引导从句作目的状语。由于前者结构更为简单，所以也更常用，可以直接用动词不定式表示目的。如：

I went to live in France ***so as to/in order to*** learn French.

我去法国居住，以便学习法语。

She was sent to England ***in order to/so as to*** be educated.

她被送到英国去受教育。

在表示反面的目的时，用 so as not to / in order not to。如：

I shut the door gently ***so as not to*** wake the baby.

为了不惊醒宝宝，我轻轻地关上门。

如果主语改变，可以用“for ... + 动词不定式”结构。如：

I bought a second car (in order) ***for*** my son ***to learn*** to drive.

我买了第二辆车，以便让我的儿子学开车。

14.5.7.3 当主句中的动词为现在时、现在完成时或将来时时，so that 和 in order that 后面的从句谓语可以跟 may / can / will。通常 so that 比 in order that 使用得更为普遍。如：

I've arrived early ***so that / in order that I may/can/will*** get a good view of the procession.

我到得很早，以便可以/能/将会好好看看那游行的队伍。

so that 和 in order that 之后也可以跟现在时。如：

Let us spend a few moments in silence ***so that / in order that*** we remember those who died to preserve our freedom.

让我们默哀片刻，以缅怀那些为维护我们的自由而牺牲的人们。

当主句中的动词为一般过去时、过去进行时或过去完成时时，so that 和 in order that 后面的从句谓语跟 should / might / could / would 以保持时态的一致性。如：

I arrived early ***so that / in order that*** I ***should / might / could*** get a good view of the procession.

我到得很早，以便可以/能好好看看那游行的队伍。

注意在 so that 和 in order that 后面的否定形式。如：

I arrived early ***so that / in order that*** I ***might not*** miss anything.

我到得很早，以免错过什么。

14.5.7.4 so that 既可以引导目的状语从句也可以引导结果状语从句。对其性质的判断需根据主句与从句的逻辑关系进行。so that 引导目的状语从句时，一般表示尚未实现的目的或意图，主句与从句的关系为行为与目的的关系，并且常常在其从句中使用 could / might 等情态动词。so that 引导结果状语从句时，则为主句导致的结果，主句与从句的关系为原因和结果的关系。如：

We arrived early ***so that*** we ***could / should / might / would*** get good seats.

我们到得很早，以便找到好座位。(表示目的，即我们是为了该目的而早到的，从句中使用了情态动词 could / should / might / would)

We arrived early, ***so that*** we got good seats.

我们到得早，因此找到了好座位。(强调结果，即我们找到好座位是到得早的结果，从句中没有情态动词)

14.5.8 结果状语从句

结果状语从句描述主句动作的结果。它们通常由"so + 形容词/副词 + that ..."，"such ... that ..."及"such a ... that ..."来引导。so 后面跟形容词或副词，

such 后面跟名词。由 that 引导的结果状语从句，that 可以省略。如：

We were ***so*** angry (***that***) we asked to see the manager.

我们很生气，要求见经理。

His reactions are ***so*** quick (***that***) no one can match him.

他的反应如此敏捷，以致无人比得上他。

He is ***such*** a marvelous joker (***that***) you can't help laughing.

他是一个如此出色的诙谐人物，(以致于)弄得你不能不笑。

They are ***such*** wonderful players (***that***) no one can beat them.

他们都是出色的运动员，没有人能战胜他们。

There was ***such*** a lot of rain (***that***) we couldn't go out.

下这么大的雨，我们都出不了门了。

在书面语当中，为了表示强调，可以将"so＋形容词"置于句首。如：

So rapid is the rate of progress in the project that new discovery seems to be followed by one another on almost a monthly basis.

项目的进展如此之快，以致于月月都有新的突破。

也可用 so, and so, so that 直接表示结果。如：

He speaks very little English, ***so*** I talked to him through an interpreter.

他几乎不会说英语，所以我通过一个翻译跟他交谈。

She was having great difficulty getting her car out, ***and so*** I had to move my car to help.

她费劲地想把她的车开出去，于是我不得不开动我的车去帮她。

My suitcase had been damaged on the journey home, ***so that the lid would not stay closed.***

我的箱子在回家途中被摔坏了，所以箱盖关不严。

当从句中名词前面有 much，many，few，little 等表示量的概念的词时，只用 so 而不用 such。so ... that ...引导的结果状语从句由于所表示的内容为主句的动作或状态达到某种程度而引起结果，因此也有人称之为程度状语从句。其中 so 为副词，that 为连词，在引导从句时通常有以下四种形式：

(1) so + 形容词/副词 + that 从句

(2) so + 形容词 + a(n) + 单数名词 + that 从句

(3) so + 动词 + that 从句

(4) so many / few / much / little + 复数名词/不可数名词 + that 从句

He spoke ***so fast that*** I could not follow.

他讲得太快，我听不懂。(so + 副词)

His manner was ***so bright that*** Jane felt at ease with him at once.

他的态度那样爽朗，简立刻觉得和他在一起毫无拘束。(so + 形容词)

It was ***so easy a question that*** everyone of us could answer it.

这样简单的问题，我们每个人都能回答。[so + 形容词 + a(n) + 单数名词]

The execution of the arrangement ***so thrilled*** him ***that*** he felt as though he were walking on air.

这事的安排使他打心眼里乐了起来，觉得浑身飘飘然的。(so + 动词)

He fools away ***so much time*** on fishing ***that*** he never gets anything done.

他在钓鱼上花费了太多的时间，因此一事无成。(so much + 不可数名词)

There was ***so much*** to lose (***that***) we couldn't take any risks.

损失这么多，我们不能冒任何风险了。

14.6 名词性从句

名词性从句在句子中起名词的作用，可以作主语、宾语、表语及同位语。因此从功能上将其定义为主语从句、宾语从句、表语从句和同位语从句。请比较：

He told me about ***the cancellation of the match***.

他告诉了我关于比赛取消的事情。

He told me ***that the match had been cancelled***.

他告诉我比赛取消了。

[cancellation 是一个名词，that the match had been cancelled 是一个从句(本身具有一个谓语动词)。整个从句所起的作用相当于一个名词，因此称之为名词性从句。由于该从句在句子中充当宾语，故亦称之为宾语从句。]

I know ***that the match will be cancelled***.

我知道比赛会被取消。(宾语从句)

That the match will be cancelled is now certain.

比赛将被取消现在已确凿无疑。(主语从句)

Alf's wife has never discovered ***that she married a dustman***. (III-4-p26-L13)

艾尔弗的妻子一直不知道她嫁给了一个清洁工。(宾语从句)

The great advantage of taking medicine is ***that it makes no demands on the taker beyond that of putting up for a moment with a disgusting taste***. (IV-28-p166-L21-22)
服药的最大优点是：除了暂时忍受一下令人作呕的味道外，对服药人别无其他要求。(表语从句)

14.6.1 主语从句

主语从句通常由 which，who，that，what，when，where，whether 等引导，在句子中一般充当主语。如：

Whether we find a joke funny or not largely depends on where we have been brought up. (III-29-p138-L1-2)
我们觉得一则笑话是否好笑，很大程度上取决于我们是在哪儿长大的。

What they had in fact found was a ship which had been sunk many years before. (III-32-p150-L11)
事实上，他们发现的是另一艘沉没多年的船。

That money doesn't grow on trees should be obvious.
金钱不能从树上长出来应该是显而易见的。

在上面这个句子中，我们不难发现句子的主语部分占据了太大的空间，显得有些比例失调、头重脚轻。因此这种句子常常用 it 作先行主语再接主语从句，从而避免了上述现象。

It should be obvious (***that***) money doesn't grow on trees.

在这种结构中经常形成"It is + 形容词 + that 从句"和"It's known / said / reported / believed + that 从句"的结构。如：

It has been said that everyone lives by selling something. (III-27-p130-L1)
据说每个人都靠出售某种东西来维持生活。

That all great art has this power of suggesting a world beyond is undeniable.（IV-24-p138-L8）

It is undeniable that all great art has this power of suggesting a world beyond.

不可否认，一切伟大的艺术都具有使人遐想到进入天外世界的魅力。

It's believed that Columbus first found America, but it may not be so right.

据信，是哥伦布首先发现了美洲大陆，但这未必千真万确。

14.6.2 宾语从句

14.6.2.1 名词性从句作宾语时，前面的 that 经常被省略，特别是在非正式文体中更是如此。如：

Everyone knows（***that***）***money doesn't grow on trees***.

众所周知，金钱是不会从树上长出来的。

Advertisers discovered years ago ***that all of us love to get something for nothing***.（III-26-p126-L7-8）

做广告的人们多年前就发现我们大家都喜欢免费得到东西。

Mrs. Richards realized（***that***）***it must be the man from the Electricity Board*** who had come to read the metre.（III-13-p62-L13-14）

查里兹夫人这才想到一定是供电局来人查电表了。

The writer stated ***that Rastus was in safe hands***.（III-19-p86-L9-10）

写信人声称拉斯特斯安然无恙。

Anthropologists wondered ***where the remote ancestors of the Polynesian peoples now living in the Pacific Islands came from***.（IV-1-p5-L5-6）

人类学家过去不清楚如今生活在太平洋诸岛上的波利尼西亚人的祖先来自何方。

14.6.2.2 在许多动词（如：believe，know，think 等）之后，that 经常可以省略；但在某些动词(如：answer，imply 等)之后，一般需要用 that；that 也常出现在像 assure，inform 等引述动词之后。在较长的句子里，特别是当 that 引导的从句与动词隔开时，that 一般不可省略。另外，当宾语从句出现并列现象时，第一个宾语从句可以省略 that，而第二个宾语从句中 that 却不可省略。如：

The dealer told me how much he was prepared to pay for my car and ***that*** I could have the money without delay.

那个商人告诉我他准备出多少钱买我的汽车，并说我会立即收到钱。

that 从句不能放在介词之后。如：

He boasted about his success. = He boasted ***that*** he was successful.

他夸耀他的成功。= 他夸耀他成功了。

但在以疑问词开头的名词性从句之前，介词则不可省去。如：

He boasted ***about*** how successful he was.

他夸耀他是多么成功。

宾语从句也常常用在双宾语的结构中，通常形成直接宾语从句。如：

She asked her father ***why*** he kept so many old newspapers locked away there.（IV-4-p23-L5-6）

她问父亲为什么把这么多旧报纸锁在柜子里。

14.6.2.3 虽然从属连词 whether 和 if 的意义完全相同，但它们在名词性从句中的使用却有着较为严格的界限。

(1) 当 if 引导宾语从句时与 whether 一样，可以换用。如：

Everyone doesn't know ***if/whether*** he could finish his job in time.

谁都说不清他是否可以及时地干完他的活。

(2) 当引导的名词性从句在句子中作主语时，必须使用 whether 而不能使用 if。如：

Whether he has signed the contract (or not) doesn't matter.

他是否在合同上签了字都无关紧要。

Whether they can stay with their mother is another matter.

他们是否能同他们的母亲住在一起则是另一回事。

(3) 当引导的名词性从句在动词 be 后作表语或在介词后作宾语时，必须使用 whether 而不能使用 if。如：

The problem ***is whether*** he has signed the contract.

问题是他是否在合同上签了字。

I'm concerned ***about whether*** he has signed the contract (***or not***).

我很关心他是否在合同上签了字。

14.6.2.4 在描写情感的形容词，如：afraid（害怕的）、glad（高兴的）、happy（幸福的）、sorry（遗憾的）等之后的名词性从句也定义为宾语从句。如：

I'm ***afraid*** (***that***) we've sold out of the tickets.

恐怕我们的票已经卖光了。

在 believe, imagine, suppose, guess, think 等表示思想和情感变化的动词后的宾语从句有否定转移的情况。如：

I ***don't believe*** she'll arrive before 7:00.

我相信她不会在7点前到达。

I ***don't suppose*** you can help us.

我认为你不会帮助我们。

I ***don't think*** you're right.

我认为你不对。

14.6.3 同位语从句

跟在 fact（事实）、idea（主意）、news（消息）、information（信息）、thought（想法）等词后面的名词性从句通常是同位语从句。同位语从句中的 that 不能省略且不作任何成分，从含义上来说，它对其所修饰的词具有同等解释的作用。如：

The ***fact that*** his proposal makes sense should be recognized.

应当承认他的建议是有道理的。

The ***idea that*** everyone should be required to vote by law is something I don't agree with.

主张由法律规定每个人都要投票的意见是我所不能赞同的。

We must face the ***fact that*** we might lose our deposit.

我必须正视我们可能失去存款这一事实。

People who work in offices are frequently referred to as "white-collar workers" for the simple ***reason that*** they usually wear a collar and tie to go to work.（III-4-p26-L2-4）

坐办公室的人之所以常常被称作"白领工人"，就是因为他们通常是穿着硬白领衬衫，系着领带去上班。

This modern faith in medicines is proved by the ***fact that*** the annual drug bill of the Health Services is mounting to astronomical figures and shows no signs at present of ceasing to rise.（IV-28-p166-L3-4）

卫生部门的年度药费上升到了天文数字，并且目前尚无停止上升的迹象，这个事实证实了现代人对药物的信赖。

14.7 定语从句

14.7.1 定语从句通常由关系代词（如 who，whom，which，that，whose）**或关系副词**（如 where，when，why）**等引导。从形式上来讲，它通常又分为两种情况：**

(1) 限制性定语从句。它一般提供被修饰名词的重要信息，对中心词起修饰作用，不能省略。这种定语从句与其所修饰的词之间没有逗号隔开。如：

—What kind of government would be popular?

什么样的政府是得人心的？

—The government ***which promises to cut taxes***.

保证减税的政府。

A recent case concerns Jane Butlin ***whose fiancé, John, runs a successful furniture business***. (III-7-p38-L9)

最近的一个案例与简·巴特林有关，她的未婚夫约翰拥有一家生意兴隆的家具店。

(2) 非限制性定语从句。它提供补充性信息，对其中心词起补充说明作用，可以省去。这种关系从句与其所修饰的词之间一般要有逗号隔开。如：

The government, ***which promises to cut taxes***, will be popular.

保证要减税的政府将会是得人心的。

14.7.2 定语从句中关系代词和关系副词的使用是有严格的界限和规定的。

定语从句中常用的关系代词有 that（指人或物，在从句中充当主语或宾语）、who（指人，在从句中充当主语）、whom（指人，在从句中充当宾语）、which（指物或修饰整个句子)、whose(所指对象不限，在从句中充当定语)、as(指事件或现象，在从句中充当主语或宾语)；关系副词有 where(指地点)、when(指时间)、why(指原因)等。

14.7.2.1 可以用来代替人的关系代词有 who，whom 和 that，以及所有格 whose，不要把关系代词 that 与从属连词 that 相混淆。如：

He is the man (***who/whom/that***) I met.

他就是我遇到的那个人。

通常来讲，当先行词为人时，均可使用关系代词 who 或 that。如：

A doctor examined the astronauts ***who*** returned from the space today.

医生给今天从太空返回的宇航员们进行了检查。(限制性从句)

The energetic man [***who(m)/that***] we met on holiday works for the WHO.

我们在假日里遇到的那个精力充沛的人是为世界卫生组织工作的。(由于在该句中关系代词 who / whom / that 充当了 met 的宾语，因此这些关系代词可以省略)

Anyone ***who*** has played even in a school football match knows this. (IV-6-p35-L10)

即使是仅仅参加过学校足球赛的人也有这种体会。

He is the man ***who/that*** lives next door.

他就是住在隔壁的那个人。(其中 who / that 作从句的主语)

They are the women ***who/that*** live next door.

她们就是住在隔壁的那些女人。

In the torchlight, he caught sight of a figure ***whom*** he immediately recognized as Bill Wilkins, our local grocer.

(III-2-p18-L8-9)

借着电筒光，他看见一个人，马上认出那是本地杂货店店主比尔·威尔金斯。

但在非限制性定语从句中不能使用 that 而必须使用 who。如：

The astronauts, ***who*** are reported to be very cheerful, are expected to land on the moon shortly.

那些据说是兴高采烈的宇航员们可望不久登上月球。(非限制性从句)

14.7.2.2 用来代替事物或动物的关系代词有 which 和 that，它们用来代替表示动物或事物的中心词，并且不管其中心词是单数还是复数，均不受局限。如：

This is the photo ***which / that*** shows my house.

这就是我家房子的照片。

This is the cat ***which / that*** caught the mouse.

这是那只捉到老鼠的猫。(中心词为单数)

These are the cats ***which / that*** caught the mice.

这些是捉到老鼠的猫。(中心词为复数)

在限制性定语从句中 that 和 which 基本一样，多数情况下可以换用。如：

The temple ***which / that*** the archaeologists explored was used as a place of worship from the fifteenth century B.C. until Roman times. (III-3-p22-L9-10)

考古工作者考察的这座庙宇从公元前 15 世纪直至罗马时代一直是祭祀祈祷的场所。

The big clock ***which / that*** used to strike the hours day and night was damaged many years ago and has been silent ever since. (III-2-p18-L3-4)

教堂的钟很大，以前不分昼夜打点报时，但在很多年前遭到毁坏，从此便无声无息了。

Pumas are large, cat-like animals ***which / that*** are found in America.（III-1-p14-L1）

美洲狮是一种体形似猫的大动物，产于美洲。

Later it was found that there was a type of mosquito ***which / that*** acted as the carrier of this disease and passed it on to the rabbits.（IV-17-p98-L7-8）

后来又发现，有一种蚊子是传播这种疾病的媒介，能把此病传染给兔子。

但在非限制性定语从句中，必须使用 which 而不能用 that。如：

The Thames, ***which*** is now clean enough to swim in, was polluted for over a hundred years.

泰晤士河现在已经很干净了，可以游泳，它曾被污染了 100 多年。

The shed in our garden, ***which*** my father built many years ago, has lasted for a long time.

我父亲很多年前在花园里搭的棚子已经存在很长时间了。

Vipers（adders）and rattlesnakes manufacture the blood poison, ***which is known as haemolytic.***（IV-20-p115-L14）

蝰蛇（蝮蛇）和响尾蛇产生血液毒素，称为溶血性毒液。

14.7.2.3 whose 作为关系代词能代替人和物，在从句中充当定语。不管它表示阳性或阴性、单数或复数，其形式皆不变。如：

He is the man ***whose*** car was stolen.

他就是汽车被盗的那个男人。

She is the woman ***whose*** car was stolen.

她就是汽车被盗的那个女人。

They are the men ***whose*** cars were stolen.

他们就是汽车被盗的那些男人。

They are the women ***whose*** cars were stolen.

她们就是汽车被盗的那些女人。

The pilot ***whose*** plane landed in a field was not hurt. (II-28-p136-SD)

那个把飞机降落在田里的飞行员没有受伤。

14.7.2.4 在非限制性定语从句中指代人时，不能用 that，而必须使用 whom。如：

The author of *Rebels*, ***who(m)*** I met at a party last week, proved to be a well-known journalist.

我在上周聚会上所遇见的《叛逆者》的作者被证明是一位著名的新闻记者。

14.7.2.5 当关系词在从句中作介词宾语时，只能使用 whom 和 which，此时指代人的关系词 whom 不能用 who 或 that 替代。这是一种比较正式的用法，日常用语中不常见。如：

She is the woman ***to whom*** I gave the money.

她就是我给钱的那个女人。

当介词与从句中动词为松散搭配时，介词可以移到句尾，这时 whom 可用 who 代替。如：

She is the woman ***whom/who*** I gave the money ***to***.

她就是我给钱的那个女人。

当然，当介词位于句尾的时候，非正式文体中通常也可以将关系词省略；但这只限于限制性定语从句中。如：

They are the people I gave the money ***to***.

他们就是我给钱的那些人。

There's hardly anybody he's afraid ***of***.

几乎没有任何使他害怕的人。

指代"事物/动物"的关系词作介词的宾语时，只能用 which 而不能和 that 换用，也不能省略。如：

This is the pan ***in which*** I boiled the milk.

这是我煮了牛奶的锅。

当介词移到句尾时，which 可以被 that 代替也可省略，但省略的情况只限于限制性定语从句中。如：

This is the pan (***that/which***) I boiled the milk ***in***.

这是我煮了牛奶的锅。

These are the cats I gave the milk ***to***.

这些是我喂过奶的猫。

The agency ***from which*** we bought our tickets is bankrupt.

我们从那儿买过票的旅行社倒闭了。

The agency (***which/that***) we bought the tickets ***from*** is bankrupt.

我们从那儿买过票的旅行社倒闭了。

14.7.3 在表示时间、地点、原因的限制性及非限制性定语从句中，可以使用关系副词 when，where 和 why。这些关系副词在定语从句中作状语。如：

1989 was the year ***when*** (***in which***) my son was born.

1989 年是我儿子出生的那年。

The Tower of London, ***where*** (***in which***) so many people lost their lives, is now a tourist attraction.

曾有许多人在伦敦塔中丧命，它现在是旅游胜地。

My success in business, the reason ***why*** (***for which***) he dislikes me, has been due to hard work.

他为我在事业上的成功而不喜欢我，我的成功归功于我努力工作。

She knows a wood ***where*** (***in which***) we can find wild strawberries.

她知道一个我们可以在那里找到野草莓的树林。

14.7.4 在有些情况下不管先行词是表示人还是物，只要指代它的是关系代词，即在句中不作状语，就只用 that 而不用 which 或 who / whom。如：

(1) 当先行词为不定代词或序数词时：

All that remains for me to do is to say goodbye.

剩下我所要做的就是告辞了。

Everything that can be done has been done.

一切能做的都做了。

I'll do ***anything*** (***that***) I can.

我愿意做我能做的任何事。

(2) 当先行词为含有形容词的最高级的名词时：

It's ***the sillest argument*** (***that***) I've ever heard.

这是我听过的最愚蠢的论点。

Bach is ***the greatest composer that***'s ever lived.

巴赫是曾有过的最伟大的作曲家。

(3) 当主句为以 who 或 which 开头的疑问句时，为避免重复，既不使用 who 也不使用 which，只用 that。如：

Who is the man ***that*** is standing in front of the flag?

站在旗子前面的那个人是谁呀？

Which is the flower ***that*** you just watered?

哪个是你刚刚浇过的花？

在非限制性定语从句中，经常可以使用复杂的介词加关系代词的形式。如：

Both players, ***neither of whom*** reached the final, played well.

两名运动员都未能进入决赛，但都表现得很好。

The treasure, ***some of which*** has been recovered, has been sent to the British Museum.

这些宝藏已经送往大英博物馆，其中有一些是失而复得的。

14.7.5 在所有的关系词中 as 的用法最为特殊，它主要有以下三种用法：

(1) 当从句的先行词前面有 such 或 the same 时，必须使用 as。如：

I haven't seen ***such*** a good painting ***as*** you described just now.

我还从来没有见过像你刚才所描述的那样好的画。

(2) as 可以像 which 一样引导一个定语从句修饰整个先行主句，而不是某一个单词，常常可以译为"正如，正像；这"，而 which 一般译为"这"。请比较：

Taiwan belongs to China, ***as*** is known.

众所周知，台湾是属于中国的。

Wang zhizhi is the first Chinese to play basketball in NBA, ***which*** is not a secret.

王治郅是第一个去美国的 NBA 打球的中国人，这已不是什么秘密了。

Our National Football Team won in the end, ***which*** made all of us excited for a long time.

我们的国家足球队终于获胜了，这让我们大家着实激动了一阵子。

(3) as 是关系词中唯一可以置于句首的关系词。如：

As is known, Taiwan belongs to China.

众所周知，台湾是属于中国的。

As is so often pointed out, knowledge is a two-edged weapon which can be used equally for good or evil. (IV-22-p127-L13-14)

正像人们常常指出的，知识是一把双刃刀，可以用于造福，也可用来为害。